L'ENVERS DES CIRCONSTANCES

DE KEERZIJ VAN DE TOESTAND

DIE ANDERE SEITE DES GESCHEHENS

Du même auteur chez le même éditeur

Journal de Gestes / Gebarendagboek, poésie bilingue fra-nl

Ce livre a été réalisé avec le soutien du Ministère de la Culture de la Fédération Wallonie-Bruxelles

Retrouvez tous les livres de maelstrÖm reEvolution
à la Boutique-librairie maelstrÖm 4 1 4
Ouvert du mercredi au samedi de 14h04 à 19h07 ou sur rendez-vous
364, chaussée de Wavre — 1040 Etterbeek — Belgique
Tel. : +32 (0)2 230 40 07
maelstrom414@maelstromreevolution.org
www.maelstromreevolution.org

ISBN maelstrÖm : 978-2-87505-425-8

ISBN PoëzieCentrum : 978-90-5655-260-2

Dépôt légal : 2022/9407/10

Carl Norac

L'envers des circonstances

De Keerzij van de toestand

Die andere Seite des Geschehens

Vertaling: Katelijne De Vuyst

Übersetzung: Christina Brunnenkamp

maelstrÖm reEvolution / PoëzieCentrum

À la mémoire de Liliane Wouters,
qui m'ouvrit tant de chemins loin des miroirs.

Ter nagedachtenis aan Liliane Wouters,
die zoveel wegen voor me opende, ver van de spiegels.

Zum Andenken an Liliane Wouters,
die mir so viele Wege eröffnete, fern der Spiegel.

DISCOURS FINAL DU 23 MARS 2022

Chères amies, chers amis,
beste vriendinnen en vrienden,

Je me souviendrai toujours comment, en ce monde troublé, parfois à la dérive, au milieu des épines ou des faux-semblants, un nouveau recours au poème arrive encore.

Je me souviens, à la fin de l'adolescence, d'avoir tant aimé « Je me souviens », ce texte de Georges Perec. Je me souviens de ce petit café où j'aime écrire à Paris qui s'appelle l'Amnésie passagère, où souvent, des gens sans y penser évoquent ce qu'ils viennent d'oublier, et où je tente, avec succès ou pas, d'écrire des souvenirs. Car je me souviens que ma mémoire, parfois défaillante depuis l'enfance, m'aide à réinventer les chemins et à savoir tout autant qu'il est indispensable d'errer.

Je me souviens cependant, après vingt ans en France, de ce jour où j'ai mis en vente ma maison pour rentrer en Belgique, plus précisément en Flandre, vieux rêve lui jamais effacé. Je me souviens de la troublante coïncidence qu'on me parle peu après de Poète National/Dichter des Vaderlands, de mes doutes alors, mais également de ce

DANKREDE VAN 23 MAART 2022

Beste vrienden en vriendinnen,
chères amies, chers amis,

Ik zal me altijd herinneren hoe in onze bijwijlen op drift geslagen woelige wereld, te midden van doornen en valse schijn, de poëzie toch op een nieuwe wijze kan worden ingezet.

Ik herinner me dat ik in mijn late tienerjaren 'Ik herinner me' van Georges Perec las en die tekst zo bijzonder vond. Ik herinner me de Amnésie passagère, het Parijse cafétje waar de mensen vaak onbewust herinneringen ophaalden aan vergeten zaken en waar ik met minder of meer succes probeerde mijn eigen herinneringen op te schrijven. Want ik weet dat mijn geheugen, hoewel het me soms in de steek laat, me al vanaf mijn kindertijd helpt de wegen die ik nam heruit te vinden en me laat beseffen hoe noodzakelijk het is te verdwalen.

Ik herinner me ook de dag dat ik, na twintig jaar Frankrijk, mijn huis te koop stelde om naar België terug te keren, meer bepaald naar Vlaanderen, een oude droom die ik nooit had opgegeven. Ik herinner me het verwarrende toeval dat ik korte tijd later werd aangesproken voor het project Dichter des Vaderlands/Poète National, ik herinner

signe de revenir chez moi pour mettre sans attendre « mes mains dans le feu ». « Handen in het vuur. » Comme le titre de mon premier livre de poèmes en néerlandais il y a plus de vingt ans grâce à Poëziecentrum, Ernst van Altena et l'amitié d'Hugo Claus qui, à ma grande surprise, me proposa d'en relire avant publication toutes les traductions.

Je me souviens de mon arrivée à Ostende : le dimanche 24 mai 2019, jour précis d'« Oostende voor anker » où des bateaux de toute l'Europe arrivent, où des chants font fraterniser les langues, où nos différences deviennent de simples écumes dérisoires sur la mer. Je me souviens être rentré si joyeux mais, le même soir, avoir vu les résultats des élections de ce dimanche-là à la fois dans le pays que je quittais et celui où je revenais : la même couleur brune nauséabonde.

Je me souviens de l'étrangeté d'aller vivre devant la plage de son enfance, comme si soudain nous retrouvions dans le sable, contre toute attente, nos pas de gamin encore visibles. Je me souviens de ma joie des cours de néerlandais avec ma libraire de chez Corman, arrêtés pour cause de covid, de mon rêve de lire un jour en langue originale les poètes d'ici. Je me souviens avoir dit souvent en souriant que j'avais la Flandre dans la peau, mais c'est vrai aussi au sens strict, mon ancêtre flamand roux m'ayant constellé l'épiderme de naevus, d'éphélides. Je me souviens avec égale joie de mes retrouvailles avec Liège où je vécus mes années électriques, de Mons où je suis né, que je pourrais traverser la nuit les yeux fermés, Stavelot pour y organiser une exposition sur Apollinaire, Namur pour l'honneur d'y célébrer en son musée le maître des écarts, Félicien Rops, et tant de sentiers

me mijn twijfels van toen, maar ook het signaal dat ik al meteen na mijn thuiskomst mijn handen in het vuur moest steken. *Handen in het vuur.* De titel van mijn eerste in het Nederlands verschenen dichtbundel die ik te danken heb aan PoëzieCentrum, vertaler Ernst van Altena en Hugo Claus die me, tot mijn grote verbazing, voorstelde om, met het oog op de publicatie, alle vertalingen na te lezen.

Ik herinner me mijn aankomst in Oostende op zondag 24 mei 2019, exact op de dag van 'Oostende voor anker', toen schepen uit heel Europa in de stad aanmeerden, toen dankzij de liederen die werden gezongen alle talen met elkaar verbroederden en onze verschillen slechts vluchtig schuim op de zee bleken te zijn. Ik herinner me dat ik toen opgewekt thuiskwam maar ook dat ik diezelfde avond nog de resultaten zag van de verkiezingen die tegelijk hadden plaatsgevonden in het land dat ik achterliet en in dat waar ik aankwam: dezelfde walgelijke, bruine kleur.

Ik herinner me hoe vreemd het voelde voor het strand van mijn kindertijd te gaan wonen, alsof ik onverhoopt in het zand mijn nog zichtbare passen van kwajongen terugvond. Ik herinner me mijn plezier tijdens de lessen Nederlands met de uitbaatster van boekhandel Corman, die vanwege corona werden stopgezet, en mijn droom om ooit de dichters van hier in hun oorspronkelijke taal te kunnen lezen. Ik herinner me al de keren dat ik glimlachend zei dat ik Vlaanderen in het bloed had, of liever in de huid, omdat mijn roodharige Vlaamse voorvader mijn vel heeft bezaaid met moedervlekken en sproeten. Ik herinner me met dezelfde vreugde mijn weerzien met Luik waar ik mijn onstuimige jaren beleefde, met Bergen waar ik geboren ben en ik 's nachts op straat blindelings de weg vind, met Stavelot waar ik een

et forêts, à Jurbise où je grandis ou ailleurs, loin en Asie, où je m'improvisai « piéton du monde ».

Je me souviens de ma première lecture à mon retour, *Woordzee*, hommage à Paul Snoek, sur scène à Ostende avec Charlotte Van den Broeck et un poète que je n'avais jamais rencontré, Mustafa Kör. Je me souviens de la force de son poème intitulé *Idylle*, puis de cette amitié née au café, pour une longue conversation profonde d'un soir et ce petit mot de Mustafa le lendemain : « Désormais, si tu viens me voir, il y aura toujours un bol de soupe pour toi sur la table ». J'y repense en ce beau jour.

Je me souviens peu après d'un appel d'Italie d'un de mes deux meilleurs amis, qui y vit et où il me décrivit, en regardant à cet instant par la fenêtre, un enterrement solitaire dans ce pays où la famille est le premier sésame. Je me souviens à cet instant, sachant que cette réalité allait arriver chez nous, d'avoir pensé à *Fleurs de funérailles/Gedichtenkrans*, poèmes généraux ou personnels pour ces cérémonies dénuées de visages comme de paroles. Je me souviens juste après de cette solidarité, en une semaine, où 80 poètes des trois langues et de tous styles ou générations, nous dirent oui.

Je me souviens de mon premier appel à une famille : « Monsieur, mon père n'aurait pas voulu d'une biographie, il aurait préféré qu'on évoque sa philosophie, son amour des forêts, puis-je vous en parler ? ». Je me souviens de ces deux hôpitaux qui, plus tard, nous écrivirent : « Pouvez-vous nous écrire un poème aussi, rien que pour nous, car nous en avons besoin pour tenir ? »

Je me souviens de journalistes qui nous ont aidés, avec un engagement qui dépasse de loin la seule information,

tentoonstelling over Apollinaire organiseerde, met Namen waar ik aan Félicien Rops, de meester van de marge, in zijn eigen museum een hommage bracht, ik herinner me ook al die paadjes en bossen, in Jurbise waar ik opgroeide of elders, ver weg in Azië, waar ik me tot 'voetganger van de wereld' ontwikkelde.

Ik herinner me mijn eerste voordracht op 'Woordzee' in Oostende, een hommage aan Paul Snoek, waar ik op het toneel stond met Charlotte Van den Broeck en met Mustafa Kör, een dichter die ik nog nooit had ontmoet. Ik herinner me de kracht van zijn gedicht 'Idylle', de vriendschap die die dag in het café ontstond, tijdens een diepgaand gesprek dat de hele avond duurde, en Mustafa's berichtje de volgende ochtend: 'Als je in de toekomst bij me op bezoek komt, zal er altijd een kommetje soep voor je klaarstaan.' Op deze mooie dag schiet dat me opnieuw te binnen. Ik herinner me een poos later het telefoontje uit Italië van een van mijn twee beste vrienden, die me terwijl hij door het raam keek een eenzame uitvaart beschreef — en dat in een land waar de familie de kern vormt van de samenleving. Ik herinner me dat ik toen, goed beseffend dat dat ook onze realiteit zou worden, moest denken aan de *Gedichtenkrans/Fleurs de funérailles*, de algemene of persoonlijke verzen die werden voorgelezen tijdens vieringen zonder gezichten of woorden. Ik herinner me vlak erna, de volgende week al, de solidariteit van tachtig dichters van elke leeftijd en elk genre die in de drie landtalen hun medewerking verleenden aan het project. Ik herinner me mijn eerste gesprek met een familie: 'Mijnheer, mijn vader zou geen biografie hebben gewild, hij zou hebben gewild dat het over zijn filosofie ging, zijn liefde voor bossen, mag ik het daarover hebben met u?' Ik herinner

La Libre Belgique qui publia avec grande ouverture d'esprit les 12 poèmes dits nationaux, *Le Soir* qui fut au départ du projet et réalisa 20 fantastiques vidéos sur les poèmes, à la RTBF ou France Inter où je fus de nombreuses fois invité pour parler des actions que nous avons menées, ainsi que les télévisions régionales de Bruxelles, Mons, La Louvière : jamais je ne crus un jour dans ma vie autant parler de poésie, ni défendre des projets qui auraient pu sans eux rester lettre morte. Avec le *Printemps des Poètes* qui fut toujours là, notamment par ce poème dans le métro à Paris ou ce contact avec des centaines d'écoles, à l'heure du confinement. Je me souviens également d'une vraie attention en Flandre des journaux *De Standaard, De Morgen, De Tijd,* aussi *De Lage Landen,* la VRT. Et je me souviens que les rares personnes qui médisent de voir la poésie dans les médias sont les premiers à diffuser sur les réseaux tout article les concernant. Je me souviens que Ferlinghetti, et ceux de la Beat Generation, avait parfois pour combat aussi que des poèmes soient dans les journaux, pour s'éloigner de ce slogan qui semble imité des messages secrets du Radio Londres d'autrefois : « Les poètes parlent aux poètes. Je répète : les poètes parlent aux poètes ».

Je me souviens qu'en de tels drames ces poèmes ne sont pas grand-chose, mais ne sont pas rien.

Et je me souviens avoir été si surpris de l'ardeur des lettres des familles nous remerciant après les enterrements, alors qu'une étude de deux chercheurs universitaires belges sur cette action poétique m'éclaira : ce qui sépare l'homme de l'animal n'est pas l'intelligence mais, en anthropologie, l'évidence que nous accompagnons nos morts par un rituel

me de twee ziekenhuizen vanwaar ze me wat later schreven: 'Kunt u ook voor ons een gedicht maken, alleen voor ons, we hebben dat nodig om vol te houden?'

Ik herinner me de journalisten die me hebben geholpen, van wie de inzet veel verder reikte dan alleen maar nieuws te brengen, de open geest van *La Libre Belgique* die de twaalf zogenoemde nationale gedichten publiceerde, van *Le Soir* die vanaf het begin bij het project betrokken was en twintig prachtige video's maakte over de gedichten, van de RTBF en France Inter waar ik herhaaldelijk werd geïnterviewd over onze acties, van de regionale tv-zenders uit Brussel, Bergen, La Louvière: ik had nooit kunnen denken dat ik zo vaak over poëzie zou kunnen spreken, zoveel projecten zou kunnen verdedigen die net zo goed dode letter hadden kunnen blijven. Met 'Le Printemps des Poètes' die bleef bestaan, onder meer via mijn metrogedicht in Parijs of via contacten met honderden scholen tijdens de lockdown. Ik herinner me ook de gemeende belangstelling in Vlaanderen van de kranten *De Standaard*, *De Morgen*, *De Tijd*, van het tijdschrift *De Lage Landen,* en van de VRT. En ik herinner me ook dat de zeldzame stemmen die zich denigrerend uitlieten over de aanwezigheid van poëzie in de media de eersten waren om de artikelen erover via de sociale media te verspreiden. Ik herinner me ook dat Ferlinghetti, net als de dichters van de Beat Generation, opriep om gedichten in de kranten te publiceren en aldus afstand te nemen van de slogan — het leek wel een geheime boodschap uit vroegere tijden van Radio London: 'Dichters praten met dichters. Ik herhaal: dichters spreken met dichters.'

Ik herinner me dat gedichten bij grote rampen niet veel betekenen, maar ook dat ze niet niets betekenen. En ik her-

qui, quand il nous est enlevé de force, atteint donc notre humanité elle-même.

Sur l'espace de deux ans, je veux préciser que je me souviendrai de ceci : les partenaires de Poète national travaillent sans barrières, sans ego, ni pour se prévaloir. La poésie sera « en avant ». Je me souviens, c'est sûr, de ne pas oublier de les remercier de tout cœur car chacune, chacun se battit avec ses moyens pour réaliser ces projets que j'ai proposés, ô combien difficiles en ce monde d'interdits. Je me souviens du soutien de Charles Ducal, ses poèmes magnifiques écrits pour *Gedichtenkrans*, son message si chaleureux quand mon texte sur la Palestine me valut comme à lui autrefois quelques grincements de dents. Je me souviens d'Els Moors, sa liberté farouche, la découverte de sa poésie, et ses conseils avisés, dont celui d'être toujours audessus de la politique. Au tout début, Els m'a dit : « Tu ne seras pas payé, mais tu voyageras beaucoup. » Ah oui, je me souviens de ces invitations au Maroc, Québec, Suisse, Philippines, aussi à Pékin, Washington, tous ces visages et paysages, mais à part Casablanca, je ne vis ces villes et ces visages que chez moi sur un Zoom d'écran un peu flou. Je me souviens de Laurence Vielle, son oui franc à tous les chemins partagés, l'ardeur de ses mots, de son art qui fait soleil et feu jusqu'au bord de la voix.

Je me souviens, avec *les Midis de la Poésie*, de cet essai publié sur la poésie jeunesse, que *Le Soir* a défini comme un « coup de gueule salutaire » et tout ce cycle vagabond, persistant et joyeux de rencontres, aux Musées des Beaux-Arts ou ailleurs. Je me souviens avec maelstrÖm ou la Maison

inner mijn verrassing over de begeesterde brieven die ik na een uitvaart van dankbare gezinnen mocht ontvangen, een fenomeen dat verklaard werd in de studie van twee Belgische onderzoekers naar deze poëtische actie: niet door zijn intelligentie onderscheidt de mens zich van het dier maar, volgens een antropologische studie, doordat we onze doden begeleiden door een ritueel en dat we, wanneer dat ritueel ons wordt afgenomen, in ons menszijn zelf worden getroffen. Van de voorbije twee jaar zal ik me vooral het volgende herinneren: de partners van het project Dichter des Vaderlands werken zonder grenzen, zonder ego, zonder dat ze op het voorplan willen staan. De poëzie staat op het voorplan. En ik dank hen dan ook uit de grond van mijn hart want zonder uitzondering hebben ze ervoor gevochten de projecten die ik voorstelde te verwezenlijken — geen makkelijke opgave in een wereld vol verbodsbepalingen.

Ik herinner me de steun van Charles Ducal, zijn prachtige gedichten voor 'Gedichtenkrans', zijn warme bericht toen mijn tekst over Palestina net als zijn gedicht eertijds door sommigen op tandengeknars werd onthaald. Ik herinner me Els Moors, haar grote vrijheidsdrang, de ontdekking van haar poëzie, haar goede raad en vooral haar advies om altijd boven de politiek te blijven staan. Helemaal in het begin zei ze me: 'Je zult niet betaald worden, maar je zult dikwijls op reis gaan.' O ja, ik herinner me de uitnodigingen naar Marokko, Quebec, Zwitserland, de Filippijnen, naar Peking, naar Washington, al die gezichten en landschappen, maar behalve Casablanca zag ik die steden en gezichten alleen maar thuis, op een wat wazig Zoomscherm. Ik herinner me Laurence Vielle en haar volmondige ja op al onze gedeelde wegen, haar vurige woorden, haar

de la Poésie d'Amay de leur volonté farouche que la poésie reste ouverte partout, de ce « fiEstival » qui eut lieu malgré tout, de cette lecture non permise devant la librairie, au moment du confinement, où des passants nous regardaient, éberlués qu'un poète puisse là encore poser sa voix sans courir, sans obéir. Je me souviens avec Vonk en Zonen de cette amitié et action de tous les instants, des combats urgents menés ensemble et de ce « Festival de la lenteur/Reservaat van Traagheid » qui va encore suivre son chemin. Je me souviens avec la Maison de la Poésie de Namur de ce projet d'allier les mots et la danse à la recherche du poème visible, et ces centaines de messages échangés sur nos sentiers, avec ferveur. Je me souviens avec PoëzieCentrum, outre les livres passés et celui à venir, de cette attention au jour le jour, de plusieurs beaux moments à Gand, comme cet après-midi où, dehors, nous étions assis afin que des gens s'installent en face de nous le temps d'un poème. Je me souviens avec Passa Porta et Verb(l)ind de « poètes de garde », ces personnes qui ont appelé, si nombreuses, un soir. « Ah, c'est vous le poète de garde, j'aimerais entendre un de vos poèmes, mais mon fils bouge beaucoup sur mes genoux » « Alors, attendez, avant un poème pour vous, je vais lui trouver une berceuse. J'en écrivais parfois pour ma fille ». Je me souviens ô combien de la disponibilité et du talent de Katelijne De Vuyst et de Christina Brunnenkamp, leurs traductions toujours si attentives, si souvent dans l'urgence. Je me souviens de livres bilingues, comme *Gebarendagboek Journal de gestes* (maelstrÖm/Poëziecentrum), *Ramasseur d'images Beeldenraper*, traduit chez P par Hilde Keteleer. Et ce livre aujourd'hui chez maelstrÖm/Poëziecentrum : *L'envers des circonstances, De keerzij van de toestand.*

kunst die de zon en het vuur laten ontvlammen op de rand van de stem.

Ik herinner me het met de Midis de la Poésie gepubliceerde essay over jeugdpoëzie, dat in *Le Soir* werd bestempeld als een 'heilzame hartenkreet', en de rondreizende, vrolijke cyclus ontmoetingen die de organisatie inrichtte in de Musea voor Schone Kunsten en elders. Ik herinner me de hardnekkige inspanningen van maelstrÖm en het Maison de la Poésie d'Amay om de poëzie overal open te houden, hun "fiEstival" dat ondanks alles toch plaatsvond, de tijdens de lockdown verboden lectuur voor de boekhandel, waar de passanten ons stomverbaasd aankeken omdat een dichter nog zijn stem durfde te laten horen zonder weg te rennen, zonder te gehoorzamen. Ik herinner me de niet-aflatende vriendschap en acties van Vonk en Zonen, de urgente gevechten die we samen voerden en het "Reservaat van traagheid/Festival de la lenteur" dat nog een vervolg krijgt. Ik herinner me het project van het Maison de la Poésie van Namen waar, in de zoektocht naar het zichtbare gedicht, dans verbonden werd met woord, ik herinner me de tientallen bezielde berichten die we onderweg uitwisselden. Ik herinner me niet alleen de vroegere en toekomstige boeken van het PoëzieCentrum in Gent, maar ook de voortdurende aandacht van zijn medewerkers, alle mooie momenten die ik er doorbracht zoals die middag dat we buiten zaten en de mensen voor de duur van een gedicht voor ons konden plaatsnemen. Ik herinner me Passa Porta en Verb(l)ind van de Dichters van wacht, al die mensen die me op een avond hebben gebeld: 'Ah, u bent de dichter van wacht, ik wil graag een van uw gedichten horen, mijn zoontje zit geen moment stil op mijn knieën.' 'Wacht even, ik draag een berceuse voor. Die schreef ik toentertijd voor mijn dochtertje.'

Je me souviens qu'étant de ces poètes qui, comme disait Cocteau, « mettent leur nuit sur la table », je paniquais à l'idée d'écrire sur l'actualité. Je me souviens de ces poèmes que je voulus écrire sur les inondations, les élections américaines, les fermetures des lieux de culture. Je me souviens d'avoir vécu comment un poème en vous peut aussi, loin d'un cri, naître d'une saine colère.

Je me souviens de mes mots quand ils s'affichèrent dans la rue, Place de la Monnaie, dans le métro à Paris ou quinze jours un poème chaque matin dans le parc d'Ostende pour « Theater aan zee ». Je me souviens de ces lectures en des lieux improbables, les plus petits comme la maison de coron de Van Gogh en Borinage ou la machinerie assez fascinante de Beaubourg à Paris, aussi de ce lieu grandiloquent qu'est le Panthéon parisien pour y faire connaître les « décoctions » de ce « vieux sioux qui ne marchera jamais dans une file indienne », le grand surréaliste Achille Chavée, inconnu chez nos voisins, mais dont je me souviens quand j'étais gosse d'avoir connu la voix rocailleuse, lourde de tabac, et dans un grand rire.

Je me souviens du lecteur avide de poésie belge que je fus ces deux ans, de cette génération passionnante de jeunes femmes qui, de Lisette Lombé à Maud Joiret, de Delphine Lecompte à Amina Belorf, de Maud Vanhauwaert à Astrid Haerens, de Gioia Kayaga à Catherine Barsics changent profondément les paysages de notre poésie. Je me souviens de ce séjour autrefois avec la poète Claire Lejeune au Centre García Lorca à Madrid lorsqu'elle se leva pour dire que les femmes à la langue coupée, c'est fini, qu'une nouvelle génération de femmes poètes bientôt arrivera. Elle est

Ik herinner me haarscherp de beschikbaarheid en het talent van Katelijne De Vuyst en Christina Brunnenkamp, hun altijd nauwgezette vertalingen die dikwijls in een recordtempo werden gemaakt. Ik herinner me de tweetalige boeken *Gebarendagboek/Journal de gestes* (maelstrÖm/PoëzieCentrum), *Beeldenraper/Ramasseurd'images*, (Uitgeverij P, vertaald door Hilde Keteleer). En dit boek dat nu bij maelstrÖm/PoëzieCentrum verschijnt onder de titel *L'envers des circonstances/ De keerzij van de toestand.*

Ik behoor tot de dichters die, zoals Cocteau zei, 'hun nacht op tafel leggen' en ik herinner me dat ik in paniek was bij het idee over de actualiteit te schrijven. Ik herinner me de gedichten die ik wilde wijden aan de overstromingen, de Amerikaanse verkiezingen, de sluiting van de cultuurhuizen. Ik herinner me hoe ik aan den lijve ondervond dat een gedicht een schreeuw kan zijn, geboren uit een gezonde woede.

Ik herinner me hoe mijn woorden op straat verschenen, op het Brusselse Muntplein, in de Parijse metro of tijdens de veertiendaagse van 'Theater aan zee' in het park van Oostende waar elke dag een gedicht werd opgehangen. Ik herinner me mijn voorleessessies op de meest onwaarschijnlijke plekken, van de kleinste zoals het mijnwerkershuisje van Van Gogh in de Borinage tot de grootste, zoals de vrij fascinerende machinerie van Beaubourg in Parijs of het schitterende Pantheon waar ik het publiek kennis liet maken met de 'brouwsels' van Achille Chavée, de 'oude Sioux die nooit in de rij liep' — een dichter die onbekend is bij onze zuiderburen, maar van wie ik als kind de schorre, doorrookte stem en de schaterlach heb gehoord.

là, sans frontière linguistique. Je me souviens également, et c'est essentiel, de ces conversations avec la germanophone Jessy James LaFleur d'un rêve encore en cours de créer une maison de la poésie à Eupen.

Je me souviens avec Europalia de ces allers-retours sur la ligne Ostende-Eupen, traverser, en portraits de navetteurs, les quatre régions et trois langues d'un pays. Je me souviens avoir présenté des enfants face à la marionnette géante du projet anglais *The Walk*, une marche de 8000 kilomètres, et les entendre lire dans la foule à Bruxelles des lettres en arabe, turc, lingala, un pied de nez en douceur face au racisme qui, lui, est galopant. Je me souviens enfin de mon émotion d'avoir su que le poème écrit pour la petite Mawda tuée par une balle de policier fut lu intégralement par l'avocate de la famille pour terminer, lors de ce procès historique, sa plaidoirie.

Je me souviens grâce aux *Midis de la Poésie* d'avoir échangé avec le grand botaniste Francis Hallé sur la définition d'un poème et d'un arbre : dans les deux cas, il y aura toujours un exemple qui infirmera la règle et il est beau de ne pouvoir fixer les choses parfois. Je me souviens que je dis souvent aux enfants que le poème serait cet oiseau que l'on croit pouvoir saisir, mais qui a toujours cette seconde d'avance pour s'envoler et échapper à qui veut le contraindre.

Je me souviens de ces résidences en péniche, ou à terre à Watou, Namur : cinq jours chaque fois pour que poètes des trois langues du pays se connaissent dans la volupté de la lenteur. À Watou, avec Astrid Haerens, nous parlions

Ik herinner me hoe ik de voorbije twee jaar Belgische poezie heb verslonden van de boeiende generatie jonge vrouwen die, van Lisette Lombé tot Maud Joiret, van Delphine Lecomte tot Amina Belorf, van Maud Vanhauwaert tot Astrid Haerens, van Gioia Kayaga tot Catherine Barsics, een diepe stempel hebben gedrukt op het poëtische landschap. Ik herinner me mijn verblijf een tiental jaar geleden in het García Lorcacentrum in Madrid met Claire Lejeune die opstond en voorspelde dat het gedaan was met vrouwen die zich de mond lieten snoeren, dat er weldra een nieuwe generatie van vrouwelijke dichters zou opstaan. Die staat er nu, zonder taalgrens. Ik herinner me ook de actuele, wezenlijke droom van de Duitstalige Jessy James LaFleur om in Eupen een poëziehuis op te richten.

Ik herinner me de trajecten Oostende-Eupen en retour voor Europalia, toen ik de vier landsstreken in drie talen doorkruiste aan de hand van portretten van pendelaars. Ik herinner me dat ik kinderen liet kennismaken met de reuzenmarionet van het Engelse project *The Walk*, die vertrokken was voor een tocht van achtduizend kilometer, en dat die kinderen hun brieven in het Arabisch, Turks, Lingala hebben voorgelezen aan de menigte in Brussel — een mooie lange neus tegen het overal oprukkende racisme. Ik herinner me ten slotte mijn ontroering toen ik vernam dat het gedicht dat ik schreef voor de kleine Mawda tijdens het slotpleidooi op dit historische proces in zijn geheel werd voorgelezen door de advocate van de familie.

Ik herinner me het gesprek dat ik dankzij de *Midis de la Poésie* kon voeren met de grote botanicus Francis Hallé over de definitie van de boom en het gedicht: in beide gevallen heb je steeds een uitzondering op de regel en het is mooi dat

de poésie en marchant tant de kilomètres que nous nous sommes retrouvés, en plein confinement, dans un village de France au nom flamand. Je me souviens à Namur de ces conversations avec Caroline Lamarche et Stefan Hertmans, aussi de cette semaine entière avec Mustafa Kör. Je me souviens de cette lampe de mineur qu'il m'a offerte car si nos chemins furent si différents, nous venons de familles qui faisaient mêmes métiers et presque aux mêmes endroits. Je me souviens lui avoir offert la veille chez un autre brocanteur un casque d'escrimeur d'autrefois que nous avions trouvé tous deux si beau et pur en ses formes. Je me souviens de lui avoir dit en riant de le mettre sur un mur, et de le regarder, comme un recours, lorsque sa fonction lui attirera vilénies ou d'inévitables jalousies.

Je me souviens de rêves encore inaccomplis, qui commencent aujourd'hui, à Ostende avec cette corneille qui vient toujours quand je bois mon café tôt le matin sur la plage et semble toujours la même pour venir me dire : il ne faut jamais oublier de se hâter de vivre.

Je me souviens enfin d'avoir vu, en ces deux années qui ont parfois vacillé, qu'on pouvait rire au-delà des langues, des circonstances, d'avoir vécu la poésie quand on ne la regarde plus seulement comme vérité dans la pénombre, et que le poème est là pour venir parfois d'un néant qui s'ouvre contre toute attente, mais aussi du présent le plus vif, et qu'il demeure également un geste inscrit dans notre corps, à l'instant du regard. Je me souviens de ce basculement constant d'être dans la foule et ces moments solitaires où il faudra trouver les mots autour des désordres du jour. Je me souviens que tout ceci pèsera de très peu de

de dingen niet altijd vastgelegd kunnen worden. Ik herinner me hoe vaak ik aan kinderen heb gezegd dat het gedicht de vogel is die je denkt te kunnen vastgrijpen, maar dat hij altijd één tel vroeger opvliegt en ontsnapt.

Ik herinner me de residenties op de aak, of op de vaste grond in Watou en Namen: telkens vijf dagen waarop dichters in de drie landstalen met elkaar kennismaakten in een weldadig langzaam tempo. In Watou had ik het met Astrid Haerens over poëzie, tijdens zo lange wandelingen dat we op het eind aanbelandden in een Frans dorp met een Vlaamse naam. Ik herinner me de gesprekken die ik in Namen voerde met Caroline Lamarche en Stefan Hertmans, en ook de volle week die ik doorbracht met Mustafa Kör. Ik herinner me de mijnwerkerslamp die hij me cadeau heeft gedaan, want ondanks onze verschillende wegen komen we allebei uit een gezin waar hetzelfde beroep werd uitgeoefend, en dat bijna op dezelfde plekken. Ik herinner me dat ik hem de vorige dag een oud schermmasker gaf, dat we vonden bij een brocanteur en waarvan we allebei de prachtig zuivere vormen bewonderden. Ik herinner me dat ik grapte dat hij het aan de muur moest hangen om ernaar te kijken als zijn nationaal dichterschap jaloerse of kleinzielige reacties zou opwekken.

Ik herinner me de nog onvervulde dromen die vandaag beginnen, in Oostende met de kraai die me steevast opzoekt als ik 's ochtends vroeg een kop koffie drink op het strand en die lijkt te willen zeggen dat je nooit mag vergeten te leven.

Ik herinner me dat ik de voorbije twee jaar heb geleerd dat talen en omstandigheden je niet beletten blij te zijn als je de poëzie niet alleen ziet als een waarheid in de schaduw maar als je haar je daadwerkelijk beleeft. Ik heb geleerd dat het gedicht soms ontspringt uit een leegte die tegen de ver-

poids sur la marche du temps, mais humainement comme littérairement, ce fut, je vous le dis sans émotion feinte ou appuyée, deux années les yeux ouverts jusqu'aux moindres lignes, jusqu'aux écarts heureusement aussi. Moi qui me dis pourvu de peu de mémoire hors des sens, j'entends bien me souvenir de nos traces, comme les Inuits qui posent des cairns, quelques pierres sur la banquise pour éviter de se perdre sur une immense page blanche.

Je me souviens que Tomas Tranströmer nous enseigna que les souvenirs parfois nous devancent, ou bien « nous observent ».

Mustafa, humblement et avec ferveur, je serai là si tu as besoin de moi pour la merveille de tes projets qui font sens profond et que tu m'as confiés en secret un peu avant tout le monde.

Je n'ai pas à me souvenir que nous sommes déjà devenus des amis.

Ce mot s'est posé sans effort sur notre main.

Je te souhaite un beau voyage.

Merci d'emmener déjà si loin, par tout ce que tu es, par ce que tu écris, ce chemin qui nous fait vivre au-delà du souffle.

Carl Norac

wachtingen in opengaat, maar ook uit het levendigste heden, en dat het een gebaar is dat op het moment dat we elkaar in de ogen kijken ons lichaam binnendringt. Ik herinner me de permanente schommelbeweging tussen mijn aanwezigheid in de menigte en de eenzame momenten waarop ik woorden moest vinden om de wanorde van de dag te beschrijven. Ik herinner me dat dit allemaal weinig zal wegen op de loop van de tijd, maar dat ik de twee voorbije jaar op menselijk én op literair vlak, dit zeg ik het zonder nadrukkelijke of geveinsde ontroering, mijn ogen heb opengehouden voor alles wat zich niet alleen op, maar vooral tussen de regels afspeelt. Ik, van wie het geheugen amper het zintuiglijke overstijgt, neem me wel degelijk voor om me altijd onze sporen te herinneren, zoals de Inuit die hun cairns oprichten, een paar stenen stapelen op het pakijs om niet te verdwalen op een reusachtige witte bladzijde. Ik herinner me dat Tomas Tranströmer zei dat de herinneringen ons soms voorafgaan, of dat ze 'ons gadeslaan'.

Mustafa, in alle bescheidenheid maar heel gemeend zeg ik je dat ik er zal staan als je me nodig hebt bij de fantastische, betekenisvolle projecten die je mij als eerste, een poos voor de anderen, hebt toevertrouwd.

Ik hoef me niet te herinneren dat we al vrienden zijn geworden.

Vriendschap, dat woord is spontaan op onze hand geland.

Ik wens je een mooie reis.

Dank dat je me, door alles wat je bent, door alles wat je schrijft, al zover hebt meegenomen op een weg die ons leven voortdurend verrijkt.

Carl Norac

Les Circonstances

Ga nu, verzen, op jullie lichte voeten,
jullie hebben niet hard getrapt op de oude aarde
waar de graven lachen als zij hun gasten zien,
het ene lijk gestapeld op het andere.
Ga nu en wankel naar haar
die ik niet ken.

Hugo Claus

Allez maintenant, vers aux pieds légers,
vous n'avez pas pesé lourd sur la vieille terre
où les tombes rient de voir leurs hôtes,
cadavres sur cadavres entassés.
Allez maintenant, et titubez vers celle
que je ne connais pas.

Hugo Claus

Geht jetzt, Verse, auf euren leichten Füßen,
ihr habt diese alte Erde nicht zertrampelt,
wo die Gräber lachen, wenn sie ihre Gäste sehen,
die eine Leiche auf die andere gestapelt.
Geht jetzt und taumelt hin zu ihr,
die ich nicht kenne.

Hugo Claus

Poèmes nationaux

Nationale Gedichten

Nationale Gedichte

POÈME POUR L'ENFANT AU BORD D'UNE PAGE

La poésie fait son nid d'une main à peine ouverte,
elle peut suivre les lignes de la paume
et aussi vivre dans un poing.
Elle est ce souffle inattendu qui patientait en toi,
ce temps posé sur l'instant, mais qui dure.
Si tu veux la dresser, change de livre,
délaisse les gens qui veulent la définir.
Elle aura toujours le coup d'aile d'avance
de l'oiseau quand tu veux l'attraper.

Un poème ne t'attend pas.
Il est là, même où tu l'ignores.
Il ne se veut pas forcément plus brillant
qu'une bruine qui s'amuse ou un soleil qui tombe.
Un poème ne fait pas pousser les fleurs :
c'est une parole entre deux lèvres
qui ne sauvera peut-être pas la Terre,
mais qui s'entendra,
se fendra d'un aveu, d'un amour, d'un combat.
Elle chantera encore quand d'autres s'agenouillent
ou s'enfuient devant la foule des bras tendus.

Aujourd'hui, tu vas écrire, me confies-tu.
Alors, vas-y, jette-toi dans la beauté.
Au bout d'une page, ou de quelques vers,

GEDICHT VOOR HET KIND
AAN DE RAND VAN EEN BLAD

De poëzie maakt een nest van een amper geopende hand
nu eens volgt ze de lijnen aan de binnenkant,
dan weer woont ze in een vuist.
Ze is de onvermoede ademtocht die in je toefde,
de tijd die zich over het ogenblik legt en toch blijft duren.
Als je haar wilt temmen, neem dan een ander boek,
verlaat wie wil bepalen wat ze is.
Ze blijft een voorsprong houden, de vleugelslag
van de vogel die je tracht te vangen.

Het gedicht wacht niet op je.
Het is er, ook waar je het negeert.
Het probeert niet per se meer te stralen
dan een miezel die zich amuseert of een zon die zakt.
Een gedicht laat de bloemen niet groeien:
het is een woord tussen twee lippen,
de Aarde zal het wellicht niet redden,
maar het zal worden gehoord,
het openbaart geheimen, liefde, strijd.
Het zal nog zingen als anderen al knielen
of vluchten voor de vele gestrekte armen.

Vandaag zul je schrijven, zeg je.
Goed, ga je gang, werp je op de schoonheid.
Na een bladzijde, of na een paar verzen al

il y a parfois le début d'un univers.
Je te regarde : ce matin, tu te sens si poème
que tu crois pouvoir toucher,
pour dire le monde,
l'infini d'une seconde.

vind je soms het begin van een heelal.
Ik kijk je aan: vanochtend ben je een en al gedicht,
je weet dat je, om de wereld te vertellen,
dat gevoel moet kennen —
de oneindigheid van een ogenblik.

GEDICHT FÜR DAS KIND AM RANDE EINES BLATTES

Die Poesie nistet in einer kaum geöffneten Hand,
sie kann den Lebenslinien folgen
und sogar in einer Faust wohnen.
Sie ist der unverhoffte Atemzug, der in dir wachte,
wie Zeit legt sie sich auf den Augenblick und dauert an.
Willst du sie zähmen, nimm ein anderes Buch,
vergiss die Leute, die sie definieren.
Stets behält sie einen Vorsprung, den Flügelschlag
des Vogels, den du fangen willst.

Ein Gedicht wartet nicht auf dich.
Es ist auch da, wo du es nicht beachtest.
Es will nicht unbedingt mehr strahlen
als ein Sprühregen, der sich amüsiert, eine Sonne,
die sinkt.
Ein Gedicht bringt Blumen nicht zum Wachsen:
Es ist ein Wort zwischen zwei Lippen,
das die Welt vielleicht nicht retten,
doch das man hören wird,
es offenbart Geheimes, Liebe, Kampf.
Es wird noch singen, wenn andere niederknien
oder fliehen vor der Vielzahl ausgestreckter Arme.

Heute wirst du schreiben, gestehst du mir.
Nun gut, nur zu, gib dich der Schönheit hin.

Nach einer Seite oder ein paar Versen
eröffnen sich nicht selten Universen.
Ich sehe: Heute früh fühlst du dich so verdichtet,
du glaubst, du kannst
die Welt in Worte fassen,
den Augenblick unendlich scheinen lassen.

Ce poème fut lu par onze poètes belges des trois langues pour le projet européen Versopolis avec PoëzieCentrum, aussi en vidéo pour Fleurs de funérailles avec la comédienne Sandrine Bonnaire et le trompettiste Erik Truffaz.

UN ESPOIR VIRULENT

J'ai attrapé la poésie.
Je crois que j'ai serré la main
à une phrase qui s'éloignait déjà
ou à une inconnue qui avait une étoile dans la poche.
J'ai dû embrasser les lèvres d'un hasard
qui ne s'était jamais retourné vers moi.
J'ai attrapé la poésie, cet espoir virulent.

Voilà un moment que ce clair symptôme de jeter
les instants devant soi était devenu une chanson.
Ne plus être confiné dans un langage étudié,
s'emparer du mot libre, exister, résister
et prendre garde à ceux qui parlent d'un pays mort
alors que ce pays aujourd'hui nous regarde.

À présent, on m'interroge, c'était écrit :
« Votre langue maternelle ? » Le souffle.
« Votre permis de séjour ? » La parole.
« Vous avez chopé ça où ? » Derrière votre miroir.
« C'est quoi alors votre dessein, étranger ? »

Dit gedicht werd in drie talen voorgelezen door elf Belgische dichters voor het Europese project Versopolis, met PoëzieCentrum. Het verscheen als video voor 'Gedichtenkrans', met actrice Sandrine Bonnaire en trompettist Erik Truffaz.

EEN AANSTEKELIJKE HOOP

Ik ben besmet met poëzie.
Ik heb misschien de hand geschud
van een zin die al vervloog
of van een onbekende vrouw die een ster had zitten in
haar zak.
Ik zoende wellicht de lippen van een lot
dat me altijd de rug had toegekeerd.
Ik ben besmet met poëzie, met haar aanstekelijke hoop.

Ik strooide al een poosje ogenblikken voor me uit,
manifest symptoom dat zich heeft ontpopt als lied.
Ik zit niet in een vormelijke taal gevangen,
maar maak me meester van het vrije woord, ik besta,
bied weerstand
en wantrouw wie het heeft over een dood land
vooral nu dat land zijn ogen op ons richt.

Ik word verhoord, of wat had je gedacht!
'Moedertaal?' De ademtocht.
'Verblijfsvergunning?' Het woord.

Que les mots soient au monde,
même quand le monde se tait.

J'ai attrapé la poésie.
Avec, sous les doigts, une légère fièvre,
je crève d'envie de vous la refiler,
comme ça, du bout des lèvres.

‘Waar hebt u het virus opgelopen?’ Achter uw spiegel.
‘Vreemdeling, wat bent u van plan?’
De wereld bestoken met woorden,
ook als de wereld er het zwijgen toe doet.

Ik ben besmet met poëzie.
Onder mijn vingers broeit een lichte koorts,
waarmee ik je graag aan wil steken,
zo, met liefkozende lippen.

Dieses Gedicht wurde von unseren belgischen Dichtern in den drei Sprachen vorgelesen im Rahmen des europäischen Projekts Versopolis in Kooperation mit dem Poëziecentrum Gent. Im Rahmen von »Fleurs des funérailles / Gedichtenkrans« entstand zudem ein Video mit Schauspielerin Sandrine Bonnaire und Trompeter Erik Truffaz.

ANSTECKENDE HOFFNUNG

Die Poesie hat mich erwischt.
Ich glaube, ich habe einem Satz
im Vorbeigehen die Hand geschüttelt
oder einer Unbekannten mit einem Stern in der Tasche.
Womöglich küsste ich die Lippen eines Zufalls,
der sich zuvor mir niemals zugewandt.
Die Poesie hat mich erwischt, mit ansteckender Hoffnung.

Schon eine Weile — ein deutliches Symptom —
warf ich mit Augenblicken um mich, woraus ein
    Lied entstand.
An keine einstudierte Sprache mehr gebunden,
des freien Wortes mächtig, existiere ich, widersetze mich
und hüte mich vor jenen, die von einem toten
    Land sprechen,
wo dieses Land uns heute alle angeht.

Gerade befragt man mich, das war ja klar:
»Muttersprache?« Der Atemzug.

»Aufenthaltsberechtigung?« Das Wort.
»Wo haben Sie sich das eingefangen?« Hinter Ihrem
  Spiegel.
»Was haben Sie vor, Fremder?«
Worte in die Welt setzen,
auch wenn die Welt verstummt.

Die Poesie hat mich erwischt.
Hab unter meinen Fingern leichtes Fieber
Ich hätte große Lust Sie anzustecken,
von Mund zu Mund, nichts tät ich lieber.

Dans le cadre de l'action « Fleurs de funérailles », les échanges que j'ai eus avec les familles mettaient en lumière la sensation que les morts sont aujourd'hui des chiffres. Paradoxalement, alors qu'on n'a jamais autant parlé d'une maladie, qu'elle occupe toutes les pensées et les médias, celles et ceux qui en sont victimes semblent rendus plus anonymes, une statistique chassant celle de la veille.

CE CHEMIN-LÀ

Sur ce chemin-là, les morts sont devenus des chiffres.
Tu as appris la biologie, les lois du monde le plus immédiat.
Tu connais même des mots obscurs et anciens pour parler du soleil.
Cependant, tu ne vois plus ces morts qui échappent à notre regard.
Alors, comme un sursaut en ton confinement,
tes pensées vont leur propre sentier, libres,
tu aspires à ce que se dessine au moins un visage,
une main peut-être fermée, mais avec des lignes franches.
Est-il encore humain l'homme-chiffre, droit comme un 1,
2 pour tomber moins vide ensemble, courbé comme 3,
assis en 4, fuyant en 5, cœur à l'envers 6,
puis 7 rigide, en 8 pour une dernière danse,
redressé fier en 9 avant de tomber ?
Peut-on encore lui rappeler avant qu'il ne repose
la chanson désobéissante de son enfance ?
Ou lui dire comme ça, sur ce chemin-là :

Uit de gesprekken die ik voerde in het kader van de actie 'Gedichtenkrans' kwam aan het licht dat de families van de overledenen het gevoel hadden dat de doden tegenwoordig slechts nummers zijn. Hoewel we nooit zoveel hebben gepraat over een ziekte die niet uit de gedachten en de media was te slaan, leken de slachtoffers ervan steeds anoniemer te worden, gereduceerd tot een statistiek die de cijfers van de vorige dag verving.

DIE WEG

Op die weg zijn de doden nummers geworden.
Je bent vertrouwd met de biologie, de wetten van de
    dichtste wereld
Je kent ook oude duistere woorden om over de zon
    te praten.
Toch zie je de doden niet meer die aan onze blik ontsnappen
En dan, eensklaps in je gevangenschap,
nemen je gedachten vrij hun eigen pad
Je snakt ernaar op zijn minst een gezicht te zien,
een hand, ook al is ze gesloten, maar met markante trekken.
Is hij nog humaan, de mens die maar een nummer is,
    recht als een 1,
2 om minder leeg of alleen te zijn, krom als de 3,
Een zittende 4, vluchtende 5, omgekeerd hart van de 6,
dan de stramme 7, de 8 die op een laatste dans wacht,
trots rechtop als de 9 en even later uitgegleden?
Doe je hem voor hij gaat rusten nog even denken
aan het ondeugende liedje uit zijn kindertijd?
Of zeg je hem zomaar, ergens op die weg:

« Tu as combattu quelques invisibles, ri, aimé, persiflé,
envoyé promener, conclu, protesté, désarmé,
tu as heureusement fait des folies de ton sort,
tu t'es trompé, tu as donné raison ou tort,
tes pas t'ont emmené parfois derrière le temps.
Alors Amie, Ami, même illusoires, si éphémères,
que ces quelques lignes t'enlèvent un instant
de la misère des ombres et des nombres.
Ici n'est pas litanie, ni fol espoir,
mais que la nuit te soit douce
comme une aube arrivée un peu tard :
qui que tu sois, qu'on t'ait tenu ou pas la main,
tu deviens plus que jamais ce chemin. »

‘Je hebt onzichtbaarheid bestreden, je hebt gelachen,
    bemind, gespot,
afgescheept, geoordeeld, geprotesteerd, ontwapend,
gelukkig heb je je lot tot het uiterste getart,
je hebt je vergist, je ging akkoord of je sprak tegen,
soms bracht je voetstap je tot voorbij de tijd.
Dus, lieve vriendin, lieve vriend, hoe bedrieglijk, kortstondig
mijn verzen ook zijn, misschien verlossen ze je even
van de ellende van schimmen en getallen.
Hier geen litanie of krankzinnige hoop,
Hopelijk wacht je een nacht, zacht
als een dageraad die wat is verlaat:
wie je ook bent, of men je hand vasthield of niet,
meer dan ooit word jij die weg.’

In den Gesprächen, die ich im Rahmen der Aktion »Fleurs de funérailles / Gedichtenkrans« führte, zeigte sich, dass die Familien der Verstorbenen das Gefühl hatten, die Toten seien derzeit nur Zahlen. Obwohl wir noch nie so viel über eine Krankheit gesprochen haben und diese in Gedanken und Medien omnipräsent ist, schienen die Opfer immer anonymer zu werden, eine Statistik, die die Zahlen des Vortages ersetzte.

JENER WEG

Auf jenem Weg sind die Toten Zahlen geworden.
Du kennst dich aus in Biologie, in den Gesetzen der dir
    nächsten Welt.
Du weißt selbst düstere, alte Worte, die von der Sonne
    sprechen.
Und doch siehst du die Toten nicht mehr, die sich
    unserem Blick entziehen.
Auf einmal, aufgeschreckt in der Gefangenschaft
schlagen deine Gedanken frei eigene Wege ein
du sehnst dich danach, zumindest ein Gesicht zu sehen,
eine Hand, vielleicht geschlossen, doch mit klaren Linien.
Ist er noch menschlich, der Zahlenmensch, gerade wie
    eine 1,
2 sind gemeinsam weniger einsam, gebeugt die 3,
sitzend die 4, fliehend die 5, ein umgekehrtes Herz die 6,
dann die steife 7, als 8 zum letzten Tanz,
stolz erhoben wie eine 9 vor dem Sturz?
Soll man ihm, bevor er sich zur Ruhe legt,
nicht noch das freche Lied aus Kindertagen in

Erinnerung rufen?
Oder ihm einfach so auf jenem Weg mitgeben:
»Du hast Unsichtbare bekämpft, gelacht, geliebt,
gespottet,
abgewimmelt, entschieden, aufbegehrt, entwaffnet,
zum Glück hast du das Schicksal aufs Äußerste
herausgefordert,
hast dich getäuscht, bejaht und widersprochen,
mitunter führte dich dein Schritt jenseits der Zeit.
Nun, liebe Freundin, lieber Freund, so trügerisch und
flüchtig
diese Zeilen, mögen sie dich für eine Weile
aus der Misere der Qualen und Zahlen entführen.
Hier weder Litanei noch hehre Hoffnung,
die Nacht sei dir gnädig
wie eine späte Morgendämmerung:
Wer du auch seist, ob jemand dir die Hand hielt oder nicht,
wirst du zu jenem Weg, mehr denn je.«

Quatrième poème national · Novembre 2020

« Alors que les élections présidentielles ont été et sont encore un sujet brûlant aux États-Unis et au-delà de leurs frontières, Carl Norac a choisi d'écrire une ode à l'Amérique, son Amérique.
Nous avons tous en nous une Amérique rêvée, mêlée de musique, de livres, de rêves… C'est le cas de Carl Norac, adolescent nourri de références made in USA. Patti Smith, Walt Whitman, John Cassavetes… les allusions du texte sont autant de souvenirs qui lui sont chers. » (La Libre Belgique)

O CAPTAIN ! MY CAPTAIN !

Adolescents, nous allions au Stock Américain
acheter un peu d'eldorado.
Juste un cuir frotté, pas de l'or,
ou ce denim pour moquer un ciel
qui se délave ici bien avant la pluie.
Nous revenions de Bruxelles, si rutilants
dans l'omnibus, lissant nos bottes et nous levant
comme on claque des ailes.
C'est Lou Reed qui ensuite m'emmena jusqu'à Berlin,
Jack London au Pôle et Patti Smith vers Charleville.
En quelques ombres, Cassavetes me donna envie
d'acheter une caméra à deux sous pour tenter
de dire l'autre vérité du monde,
celle qui serait déjà sur le seuil, à portée de souffle.
Ciné-club de l'école : sur l'affiche,
nous lisions en riant *It's terrific !*,
Orson nous toisant en un Citizen Kane

'Terwijl de presidentsverkiezingen nog altijd een hot item zijn in de Verenigde Staten en elders, schreef Carl Norac een ode aan Amerika, zijn Amerika.
We hebben allemaal een gedroomd Amerika, dat bestaat uit muziek, boeken dromen... Dat geldt ook voor Carl Norac, wiens tienerjaren gekleurd werden door referenties Made in USA: Patti Smith, Walt Whitman, John Cassavetes... de allusies in zijn tekst verwijzen naar allerlei herinneringen die hem dierbaar zijn.' (La Libre Belgique)

O CAPTAIN ! MY CAPTAIN !

Als tiener gingen we naar de Stock Américain
en kochten er een stukje eldorado.
Gewoon een ruwleren jack, geen goud,
of een bluejeans om de lucht uit te lachen
die hier lang voor de regen verkleurt.
We keerden uit Brussel terug, glimmend
in de boemeltrein, streken onze laarzen glad
en stonden klapwiekend op.
Daarna bracht Lou Reed me naar Berlijn,
Jack London naar de Noordpool
en Patti Smith naar Charleville.
Een paar *Shadows* van Cassavetes gaven me zin
de camera van een cent te kopen waarmee
ik de andere waarheid van de wereld zou zeggen,
die al voor de deur stond, binnen adembereik.
Filmclub op school: op de poster
lazen we lachend *It's terrific!*

que nous pensions bien à tort
voir disparaître après le générique.
Si sages, étudiant nos leçons sur la Révolution
inspirée des Lumières, nos idées rougissaient
sous la bière, moins timides,
ou se recueillaient sur des tombes blanches.
Sur la route, tuant nos dimanches,
nous n'allions pas bien loin,
easy riders à mobylettes déjantées
ou coureurs de pâtures et d'orties,
simples chapardeurs de maïs,
mais le verbe haut, à la Kerouac.
Je me souviens aussi d'avoir enroulé
dans mes mains, emporté pour refrains
les *Feuilles d'herbe* de Walt Whitman.
Cette nuit, c'est bizarre, tout s'étiole, tu le sais,
sous une bannière mal entoilée,
mais le fantôme de ce poète
qui parlait à Lincoln, tu le vois passer là,
au pays de grande fièvre,
errant comme s'il comptait des voix :
O Captain ! My Captain !
Et tu répètes avec lui, du bout des lèvres,
sans plus rien commenter, ni chanter :
O Captain ! My Captain !, dis-moi,
où va mon Amérique ?

Nuit du 3 au 4 novembre 2020

Orson staarde ons aan als een Citizen Kane
die na de aftiteling wellicht
zou verdwijnen — niet dus.
Braafjes leerden we over de Revolutie,
erfenis van de verlichting, onze ideeën liepen rood
aan bij het bier, raakten hun schuchterheid kwijt,
of ze baden op witte graven.
We doodden onze zondagen op de weg
maar ver raakten we niet,
easy riders op crazy bikes
of weiland- en brandnetellopers,
die maiskolven jatten,
maar altijd het hoge woord, zoals Kerouac.
Ik weet nog dat de *Grasssprietjes*
van Walt Whitman als een fijn refrein
in mijn mouwen zaten gevouwen.
Vreemd hoe vannacht alles verkommert
onder een slecht verstelde vlag,
maar de schim van de dichter,
die zich tot Lincoln richtte, trekt voorbij,
daar in het land van de grote koorts,
dolend alsof hij stemmen wil tellen:
O Captain! My Captain!
En samen met hem fluister je zacht,
zonder commentaar, zonder zang:
O Captain! My Captain! zeg me,
waar gaat mijn Amerika naartoe?

Nacht van 3 op 4 november 2020

»Während die Präsidentschaftswahlen in den USA und anderswo noch immer brandaktuell sind, hat Carl Norac eine Ode an Amerika geschrieben, sein Amerika.
Wir alle tragen in uns ein Amerika unserer Fantasie, eine Mischung aus Musik, Büchern und Träumen … Das gilt auch für Carl Norac, dessen Jugend von amerikanischen Einflüssen geprägt wurde: Patti Smith, Walt Whitman, John Cassavetes … Die Anspielungen im Text verweisen auf Erinnerungen, die ihm viel bedeuten.« (La Libre Belgique)

OH KÄPT´N! MEIN KÄPT´N!

Als Jugendliche gingen wir uns im Stock Américain
ein Stück Eldorado kaufen.
Nur abgewetztes Leder, kein Gold,
oder dieser Jeansstoff, dem Himmel zum Spott,
der hier schon vor dem Regen ausgeblichen ist.
Wir kehrten aus Brüssel zurück, so strahlend
mit dem Bus, polierten unsere Stiefel und erhoben uns
wie mit Flügelschlag.
Lou Reed brachte mich später nach Berlin,
Jack London zum Pol und Patti Smith nach Charleville.
Mit wenigen Schatten weckte Cassavetes die Lust in mir,
eine billige Kamera zu erstehen und zu versuchen,
die andere Wahrheit der Welt zu zeigen,
die schon vor der Tür stand, in Reichweite.
Kinoclub der Schule: Auf dem Plakat
lasen wir lachend *It´s terrific!*
Orson maß uns mit dem Blick des Citizen Kane,

von dem wir irrigerweise annahmen,
er würde nach dem Abspann verschwinden.
So brav wir die von der Aufklärung beflügelte
Revolution paukten, beim Bier
glühten unsere Ideen weniger verlegen,
oder verharrten andächtig an weißen Gräbern.
Unterwegs, wenn wir Sonntage totschlugen,
kamen wir nicht weit,
Easy Rider mit aufgemotzten Mofas
oder Läufer über Felder und durch Nesseln,
einfache Maisdiebe,
doch großmäulig wie Kerouac.

Ich erinnere mich auch, dass ich, gerollt
in der Hand, mitgerissen von den Refrains
die *Grashalme* von Walt Whitman bei mir trug.
Heute Nacht verblasst merkwürdigerweise alles,
    wie du weißt,
unter einem schlecht gespannten Banner,
doch den Geist dieses Dichters,
der sich an Lincoln wandte, siehst du dort noch wandeln,
im Land des großen Fiebers,
herumirrend, als zähle er Stimmen:
Oh Käpt'n! Mein Käpt'n!
Und du sprichst ihm nach, widerwillig,
ohne weiteren Kommentar, noch Lobgesang:
Oh Käpt'n! Mein Käpt'n! Sag mir,
wohin treibt mein Amerika?

Nacht des 3. auf den 4. November 2020

TABLE RASE

L'année s'est immiscée et c'est nous
qui devons la meubler d'un souffle.
Faire table rase, disais-tu.
Mais nous venons déjà de jeter janvier
devant nous telle une fausse promesse,
un peu de pain semé au ciel
en dessinant du regard un oiseau invisible.
À la file, nous vaquons toujours au désordre.
Cependant, nous entrons
en ces chemins contrariés
avec ce qui demeure de feu, d'immuable
en nos constructions d'allumettes,
nos châteaux de sable, nos élans,
nos précieux samizdats, nos résolutions.
Pour exaucer nos rêves encombrés
demeure sur nos routes,
en ce matin de février,
le mot *espoir* qui traîne.
Un espoir sans frémir, ni briller, ni falloir.
Jusqu'où le pousserons-nous
en nos maisons, coûte que coûte ?
Nous le posons sur une table,
puis sur la page à peine tournée.
Avec ce mot-là pour emblème,
nous pouvons au moins démasquer,

TABULA RASA

Het jaar kwam eraan geslopen en wij
moeten het met onze adem bekleden.
Tabula rasa maken, zei je.
Maar zie, we gooiden januari al
als een valse belofte overboord,
een weinig brood in de lucht gezaaid
dat de blik van een verborgen vogel vormt.
In een rij lopen we altijd richting verwarring.
Toch betreden we
die gedwarsboomde wegen
met een restje onwrikbaar vuur
in onze kaartenhuizen,
onze zandkastelen, onze hartstochten,
onze dierbare samizdats, onze voornemens.
Om onze overvolle dromen te vervullen,
blijft het, op deze ochtend in februari,
ons pad begaan:
het dralende woordje *hoop*.
Hoop zonder beven, blinken of moeten.
Hoe ver kunnen we hem,
uit alle macht, ons huis binnenduwen?
We leggen hem op een tafel,
daarna op het amper omgeslagen blad.
Met dat woord als embleem
kunnen we alvast, ver van

loin de la gueule de l’emploi,
deux lèvres entrouvertes au poème.

de gangbare smoelen, twee lippen
onthullen waar het gedicht binnen kan glippen.

TABULA RASA

Das Jahr hat sich eingeschlichen und wir
müssen es mit unserem Atem einrichten.
Tabula rasa machen, sagtest du.
Dabei haben wir schon den Januar
wie ein leeres Versprechen über Bord geworfen,
ein bisschen Brot in den Himmel gestreut
und mit Blicken einen unsichtbaren Vogel gezeichnet.
In einer Reihe laufen wir stets ins Chaos.
Und doch betreten wir
diese Wege voller Hindernisse
mit den Resten eines Feuers, mit Unveränderlichem
und unseren Kartenhäusern,
Sandburgen, Leidenschaften,
unseren kostbaren Samisdats, unseren Vorsätzen.
Um unsere überbordenden Träume zu erfüllen
bleibt uns auf unserem Weg
an diesem Februarmorgen
das zaudernde Wort Hoffnung.
Eine Hoffnung ohne Erzittern, Strahlen oder Müssen.
Bis wohin schieben wir es
in unseren Häusern, auf Biegen und Brechen?
Wir legen es auf den Tisch,
dann auf die gerade aufgeschlagene Seite.
Mit diesem Wort als Emblem
entlarven wir zumindest

über die üblichen Visagen hinaus
zwei Lippen, darauf ein Poem.

Poème écrit en soutien au mouvement « Still standing for Culture » qui défendit la réouverture des lieux culturels.

STILL STANDING

Sortant du train bondé,
de la fourmilière des gens
qui filent vers la mer pour emplir
la digue de souffles, de fleurs en papier
et soigner leurs fêlures,
il marche vers le théâtre
et entre dans la salle vide.
Aujourd'hui, il devait y confier ses chemins,
la simple égratignure du temps quand il devient lueur,
poème comme sable ou caillou, jamais cendre,
avec ces pointes d'ongles
que la paume adoucit vers le regard des autres.
Personne. Devant la porte scellée,
ces sièges rouges fermés comme des huîtres,
debout, il lit cependant. Pas pour lui-même.
Il envoie ses paroles aux quatre coins,
qu'elles fassent office de paysage, prennent place
pour les absents qui, peut-être,
se seraient laissés traverser.
À la dernière strophe, il hausse la voix,
avec fougue, comme si ses phrases
portaient juste un peu de poudre.

Gedicht geschreven als steunbetuiging aan de beweging 'Still standing for Culture' die de heropening van de cultuurhuizen bepleitte.

STILL STANDING

Hij stapt uit de propvolle trein,
verlaat het mierennest van mensen
die zich naar zee reppen om de dijk
te vullen met hun adem, met papieren bloemen
en om er hun wonden te likken,
Hij loopt naar het theater
en gaat binnen in de lege zaal.
Vandaag zou hij er zijn traject beschrijven,
simpele krabbel van de tijd die verandert in licht,
gedicht van zand of kiezels, nooit van as,
met scherpe nagels
die de hand zachtjes op andermans blik heeft gericht.
Niemand. Voor de potdichte deur,
rijen rode stoelen, dichtgeklapt als oesters,
daar staat hij, hij leest hoe dan ook voor. Niet voor zichzelf.
Hij stuurt zijn woorden de vier windstreken in,
waar ze als landschap dienen, gaan zitten
voor wie afwezig is, wie zich wellicht
aan ze bloot wilde stellen.
Bij de laatste strofe gekomen verheft hij zijn stem,
begeesterd, alsof zijn verzen
een weinig buskruit bevatten.

Qui sait ? La poésie parfois fait sauter les serrures.
Et c'est ce qu'il advient.
Par cet infime appel d'air vers la rue,
passantes et passants entrent lentement,
s'asseyent en forçant
les coquillages de velours rouge.
Plus rien ne bouge.
L'homme lui-même se tait un court instant
et ce premier silence, devant une assemblée,
ayant pour seule loi le bonheur
d'être rompu ensemble,
explose soudain tel un chant.
Ah comme il est bon de retrouver en soi
au moins un mot qui n'obéira pas.

Wie weet? Soms kan poëzie sloten laten springen.
Dat is wat nu gebeurt.
De kleine luchtstroom die de straat bereikt
lokt de passanten, die nu langzaam binnenstromen,
gaan zitten en de schelpen
van rood fluweel openslaan.
Geen enkele beweging meer.
De man zelf blijft heel even zwijgen
en die eerste stilte, voor een verzameld publiek,
kent slechts één wet, het geluk
haar samen te doorbreken,
en opeens barst ze open als een lied.
Ja, eindelijk wordt het gehoord —
alvast dat ene, rebelse woord.

Dieses Gedicht entstand als Beifallsbezeigung für die Bewegung »Still standing for Culture«, die sich für die Wiedereröffnung der Kultureinrichtungen einsetzte.

STILL STANDING

Aus dem überfüllten Zug,
dem Gewimmel der Menschen,
die ans Meer ziehen, um den Deich
mit ihrem Atem, mit Papierblumen zu füllen,
und ihre Wunden zu lecken,
geht er zum Theater
und betritt den leeren Saal.
Heute sollte er dort seine Wege beschreiben,
ein simpler Kratzer der Zeit, der sich in Licht verwandelt,
Gedicht wie Sand oder Kiesel, niemals Asche,
mit diesen scharfen Krallen,
die die Handfläche besänftigt gegen den Blick der anderen.
Niemand da. Vor der verschlossenen Tür
diese roten Stühle zugeklappt wie Austern,
im Stehen liest er trotzdem vor. Nicht für sich selbst.
Er schickt seine Worte in alle Winde,
dass sie als Landschaft dienen mögen, den Platz
der Abwesenden einnehmen, die sich, vielleicht,
durchströmen lassen hätten.
Bei der letzten Strophe hebt er die Stimme
schwungvoll, als ob seine Sätze

ein kleines bisschen Pulver enthielten.
Wer weiß? Die Poesie sprengt manchmal Schlösser.
Und genau das geschieht.
Durch diesen winzigen Luftzug zur Straße hin
strömen Passantinnen und Passanten langsam herein,
setzen sich, indem sie
die roten Samtmuscheln aufbrechen.
Nichts bewegt sich mehr.
Der Mann schweigt einen Moment
und diese erste Stille vor versammeltem Publikum,
die nur dem Gesetz des Glücks gehorcht,
sie gemeinsam zu durchbrechen,
zerplatzt plötzlich wie ein Gesang.
Was tut es gut, in sich ein Wort wiederzufinden,
das nicht gehorsam ist, sich nicht lässt binden.

POUR LA FAMILLE ABOU HATAB
(dont vous ne connaissez pas le nom)

Dans le camp de réfugiés d'Al-Shati, c'était le jour de l'Aïd.
Malgré le feu sur toutes les lèvres, ils s'habillèrent pour la fête.
Huit enfants, deux femmes.
Ils se vêtirent sans le savoir pour mourir en famille.
Pas le temps d'atteindre la cave.
Les mains ce matin-là voulaient fondre dans le miel.
Ne pas oublier que la fumée peut survenir derrière la vitre,
avec les sifflements, mais dessiner sur la vapeur
d'un thé ou lentement découper les viandes blanches,
couteau luisant pour seule arme.
Mais cette fois, c'est à la fin du jeûne qu'il advint
qu'on devienne en mère, en fille ou en garçon
de la chair à canon.
Ailleurs, le marchand d'armes descend aussi
vers sa cave : il y regarde son vin vieillir,
à la lueur traque la lie, celui-ci est trop jeune, un peu vert,
attendons belle robe, et mieux que Noé, le Sage
de tous les livres, habile autrefois en ses vignes,
sachons du raisin soutirer le plus précieux carmin.
Ces tirs bien loin de là, juste à l'ouest de Gaza,
on les nomma ainsi : une dissuasion.
La dissuasion d'exister, de respirer,
de s'entendre derrière les parois
comme tant, dans les deux camps, y aspirent,
de s'engager ensemble à ne plus vivre encagés,

VOOR DE FAMILIE ABOU HATAB
(van wie u de naam niet kent)

In het Al-Shati-vluchtelingenkamp was het Suikerfeest
aan de gang.
Ondanks het vuur op alle lippen trokken ze hun mooiste
kleren aan.
Acht kinderen, twee vrouwen.
Niets vermoedend kleedden ze zich aan om als gezin
dood te gaan.
Geen tijd om de schuilkelder te bereiken.
Die ochtend wilden hun handen in honing vervloeien.
Vergeet niet dat achter het raam rook kan verschijnen,
samen met een fluitend geluid, en teken iets in de wasem
van de thee of snij langzaam het witte vlees aan,
met een glanzend mes als enig wapen.
Ditmaal echter, op het eind van de vastentijd
verandert een meisje, een jongen, een moeder
opeens in kanonnenvoer.
Elders loopt ook de wapenkoopman
zijn kelder in: hij kijkt er naar de rijpende wijn,
keurt de droesem in het licht, die is te jong, nog wat zuur,
het is wachten op een mooie kleur, beter dan Noach,
de Wijze
uit het boek der boeken — hij was ooit als wijnboer
in de weer —
wil hij de druif bevrijden van haar kostbaarste karmijn.
De schoten ver daarvandaan, ten westen van Gaza,

enclavés, encavés par l'histoire.
Huit enfants, deux femmes encore,
un samedi matin au grand pressoir
de cette humanité perdue pour une soif ancienne.
La date du retour au partage du jour
fut choisie par des savants en observant la lune,
celle dont le rouge parfois enflamme le soir sans brûler.
L'Aïd el-Fitr, au fond des âges, célébrait la pluie
et l'éclipse. Hier, il ne plut que des bombes
et c'est notre monde, non plus l'astre de la nuit,
qui pour longtemps s'est obscurci
dans le rond d'une cible.

16 mai 2021

werden aldus genoemd: afschrikking.
Afschrikking om te bestaan, adem te halen,
met elkaar op te schieten achter de wanden,
iets waar zovelen, uit beide kampen, naar snakken,
je voor te nemen niet langer gekooid te leven,
verstoten, opgesloten door de geschiedenis.
Acht kinderen en twee vrouwen,
op zaterdagochtend bij de grote pers
van een volk dat aan een oude dorst werd geofferd.
De dag dat ze allemaal samen smullen van het feestmaal
werd gekozen door geleerden die de maan bestudeerden,
de maan wier rood 's avonds oplicht zonder te branden.
Op het Ied-al-Fitr, in oude tijden, vierde men de regen
en de eclips. Gisteren regende het uitsluitend bommen
zodat onze wereld, en niet langer de nachtelijke wachter,
een hele tijd werd verduisterd
in de roos van een schietschijf.

16 mei 2021

FÜR DIE FAMILIE ABU HATAB
(deren Namen Sie nicht kennen)

Im Flüchtlingslager Al-Shati war es der Tag des
Fastenbrechens.
Trotz des Feuers in aller Munde, zogen sie sich festlich an.
Acht Kinder, zwei Frauen.
Sie kleideten sich unwissentlich zum Sterben im Kreise
der Familie
Keine Zeit, in den Keller zu fliehen.
Die Hände wollten an diesem Morgen in Honig schmelzen.
Ohne zu vergessen, dass vor dem Fenster jederzeit Rauch
aufsteigen kann,
mit lautem Pfeifen, lieber im Dampf eines Tees zeichnen
oder langsam das weiße Fleisch tranchieren,
mit glänzendem Messer als einziger Waffe.
Doch diesmal wurde am Ende des Fastens
aus Mädchen, Junge und Mutter
Kanonenfutter.
Andernorts geht auch der Waffenhändler
in den Keller hinab, sieht seinem Wein beim Reifen zu,
im Dämmerlicht dem Bodensatz, dieser ist zu jung,
noch sauer,
warten wir auf die richtige Farbe, geschickter als Noah,
der Weise
aus allen Büchern, damals in seinem Weinberg,
sollten wir der Traube das edelste Karminrot zu entlocken
wissen.

Die Schüsse von dort weit entfernt, westlich von Gaza,
nannte man: Abschreckung.
Die Abschreckung zu existieren, zu atmen,
sich über Mauern hinweg zu verständigen
wie es so viele, in beiden Lagern, ersehnen,
sich gemeinsam dafür einzusetzen, nicht mehr eingesperrt
zu leben,
eingeschlossen, eingekellert von der Geschichte.
Wieder acht Kinder, zwei Frauen,
eines Samstags morgens in der großen Presse
dieser einem uralten Durst geopferten Menschlichkeit.
Das Datum der Rückkehr zum Alltag nach dem Fest
haben Weise gewählt, indem sie den Mond beobachten,
der manchmal abends rot entflammt, ohne zu brennen.
Zu Eid al-Fitr feierte man in grauer Vorzeit den Regen
und die Mondfinsternis. Gestern regnete es nur Bomben,
sodass sich unsere Welt, nicht mehr das Nachtgestirn,
für lange Zeit verfinsterte,
im Zentrum einer Zielscheibe.

16. Mai 2021

Ce poème concerne les terribles inondations qui ont eu lieu à la mi-juillet 2021 en Belgique et met en cause des mesures politiques antérieures qui ont aggravé le drame.

DEUIL NATIONAL

Quel est le poids d'offrir une épaule de mots
quand le monde vacille
ou que des gens deviennent, dans le courant,
des fétus de paille ?
Un enfant voit passer sur l'eau
un chevreuil, un jouet, une voiture.
Puis une femme avec, au-dessus de la tête,
ce sac brandi comme le journal d'une vie.
Ceux qui ont fermé les casernes de secours,
ceux qui ont supprimé jusqu'aux sacs de sable
pour la loi du marché,
pour d'autres sabliers plus rentables
sont là à se répandre en compassion,
à nous servir leur fable,
un nœud si propre en leur mouchoir.
Ils connaissent la chanson
entonnée l'an dernier quand le soleil devint fou.
Oui, voilà leur urgence à aller de tiroir en tiroir,
à trouver les mots pour paravent
des actes murmurés, cœur sur la main
et coude bien posé sur le dossier qui saigne.

Gedicht geschreven naar aanleiding van de vreselijke overstromingen die België in juli 2021 hebben geteisterd. Het klaagt de vroeger genomen politieke maatregelen aan waardoor de tragedie nog werd verergerd.

NATIONALE ROUW

Wat betekent een schouder die uit woorden bestaat
als de wereld op haar grondvesten schudt
of als mensen, meegesleurd door de stroom,
veranderen in bundels stro?
Een kind ziet op het water
een ree drijven, speelgoed, een auto.
Daarna een vrouw die boven haar hoofd
een zak zwaait als dagboek van een leven.
Zij die de kazernes hebben opgedoekt,
die tot de zandzakken toe hebben weggedaan,
vanwege de wetten van de markt,
vanwege andere, lucratievere zandlopers,
betuigen hun medeleven,
dissen hun fabeltjes op
met een brandschone knoop in hun zakdoek.
Ze kennen het liedje nog
dat vorig jaar opklonk toen de zon doldraaide.
Ja, nu haasten ze zich om in elke lade te kijken,
om woorden te vinden die beschutten
tegen gefluisterde daden, met de hand op het hart
en hun elleboog stevig geplant op het bloedend dossier.

Ah comme il est étrange et cruel, en ce jour,
de proférer ce mot qui, en amour,
tant flamboie parfois au tout premier regard
et qui aujourd'hui devient
le seul leitmotiv de l'excuse :
l'imprévisible.

Ach, hoe vreemd is het en hoe wreed
het woord uit de spreken dat, in de liefde,
vaak al bij de eerste blik vlam vat
en dat nu schalt als
enig leidmotief van het excuus:
onvoorspelbaar.

Dieses Gedicht bezieht sich auf die furchtbaren Überschwemmungen Mitte Juli 2021 in Belgien und kritisiert in der Vergangenheit getroffene politische Entscheidungen, die die Tragödie verschlimmert haben.

LANDESTRAUER

Wie wichtig ist es, eine Schulter aus Wörtern anzubieten,
wenn die Welt bebt
oder Menschen in der Strömung
zu Strohhalmen werden?
Ein Kind sieht im Wasser
ein Reh, ein Spielzeug, ein Auto vorbeitreiben.
Dann eine Frau, die über dem Kopf
eine Tasche schwenkt wie das Tagebuch eines Lebens.
Diejenigen, die Feuerwachen geschlossen,
die bis hin zu den Sandsäcken gespart haben,
wegen der Gesetze des Marktes,
wegen anderer, rentablerer Sanduhren,
sind da und ergehen sich im Mitgefühl,
tischen uns ihre Märchen auf,
ein sauberer Knoten in ihrem Taschentuch.
Sie kennen das Lied,
letztes Jahr angestimmt, als die Sonne durchdrehte.
Ja, darum durchwühlen sie jetzt eilig die Schubladen,
um sich hinter Wörtern zu verschanzen,
gemurmelten Lippenbekenntnissen der Solidarität,
den Ellenbogen fest auf die blutige Akte gestützt.

Ach, wie sonderbar und grausam ist es, dieser Tage
das Wort auszusprechen, das in der Liebe
oft mit dem ersten Blick aufflackert
und heute
zum einzigen Leitmotiv der Entschuldigungen wird:
unvorhersehbar.

Ce texte a été écrit dans le cadre d'Escales poétiques avec Caranusca, un projet de Carl Norac où, à bord d'une péniche, neuf poètes des trois langues du pays ont relié symboliquement la Maison de la Poésie de Namur à celle de Gand. Les poètes belges des trois langues nationales se connaissent très peu ou ne font que se croiser, souvent à l'étranger. L'idée était que, pour la première fois en ce pays, dans ce même lieu de rendez-vous mouvant, il leur soit donné cinq jours d'échanges ensemble, de vagabondages et de lectures mutuelles.

LE GOÛT DE TRAVERSER

à Caroline Pauwels et Marie-Hélène Caroff

Sur le fleuve, sur les canaux, nous n'avons
nulle autre frontière que la brume.
Devant, il n'y a que des ponts
qui relient ces gens que l'on voit
traverser et dont certains parfois,
étrangement à nos yeux,
rêvent seulement de murs.
Bien sûr, voilà l'écluse, cet ascenseur
au vieux refrain qui suinte,
où les oiseaux jacassent,
le temps de regarder un paysage
moins mouvant, de célébrer
le crépuscule ou le point du jour
qui, aujourd'hui, se rêve en virgule.
« Nulle frontière ! », nous sommes-nous
répétés sur la péniche, « Pas même de la langue ».

Tekst geschreven in het kader van de 'Escales poétiques' met Caranusca. Dit project speelde zich af aan boord van een aak. Negen dichters in de drie landstalen zorgden voor een symbolische verbinding tussen het Maison de la Poésie van Namen en het Gentse Poëziecentrum. De Belgische dichters in de drie landstalen kennen elkaar slecht, ze komen elkaar maar zelden tegen, meestal in het buitenland. Voor het eerst in dit land kregen ze gedurende vijf dagen de tijd om op een voortschuivende plek van gedachten te wisselen, samen te zwerven en elkaars gedichten te lezen.

VERLANGEN NAAR DE OVERSTEEK

Voor Caroline Pauwels en Marie-Hélène Caroff

Op de rivier, op de kanalen,
geen andere einder dan de nevel.
Voor ons rijzen alleen bruggen op,
ze verbinden de passanten,
waarvan een enkeling,
het blijft vreemd in onze ogen,
slechts van muren wil dromen.
Zie, daar heb je de sluis, scheepslift
met oud lekkend refrein
waar vogels kwekken,
tijd om een stiller landschap
te aanschouwen, de schemering
te vieren of de dageraad
die vandaag in krullen wordt gedroomd.
'Geen grenzen!' klinkt het
in de aak, 'ook geen taalbarrières'.

Car, soudain, on vous hèle de la rive,
on comprend ou on ne comprend pas,
sinon que le geste se ressemble,
simple principe de la main ouverte
au lointain le plus proche.
Si des régions existent à bon droit
et que les cartes qui nous guident
nous le rappellent, nous vivons
également ici, voyageuses, voyageurs,
dans cette volupté de la lenteur
où nous aimons les traverser
aussi libres que la ligne d'eau
et sans écouter les leçons de tous bords.
Sur le fleuve, sur les canaux,
nous n'aurons encore
nulle autre frontière que la brume.

Want opeens roept men je vanaf de oever aan,
en of je de woorden begrijpt of niet,
het gebaar is vertrouwd,
simpel principe van de open hand
in de dichtste verte.
Als landstreken terecht bestaan
en de kaarten die ons leiden
ons daarvan overtuigen, wonen wij,
reizigsters, reizigers, ook hier,
in de weelde van de traagheid
waar we hen met plezier doorkruisen,
vrij als de waterlijn,
zonder om enige les te malen.
Op de rivier, op de kanalen,
nog steeds geen
andere einder dan de nevel.

Dieser Text entstand im Rahmen der »Escales poétiques« mit Caranusca, einem Projekt von Carl Norac, bei dem neun Dichter der drei Sprachgemeinschaften an Bord eines Schiffes symbolisch die Maison de la Poésie Namur mit dem Poëziecentrum Gent verbanden. Die Dichter der verschiedenen Sprachgemeinschaften kennen sich kaum und ihre Wege kreuzen sich nur selten, oft im Ausland. Hier hatten sie zum ersten Mal die Gelegenheit, sich an diesem beweglichen Ort fünf Tage lang auszutauschen, zusammen zu reisen und Gedichte zu lesen.

DIE FREUDE AM HINDURCHFAHREN

Für Caroline Pauwels und Marie-Hélène Caroff

Auf dem Fluss, auf den Kanälen kennen wir
keine andere Grenze als den Dunst.
Vor uns liegen nur Brücken,
die diese Menschen verbinden, die wir
hinübergehen sehen und von denen manche
seltsamerweise, wie wir finden,
nur von Mauern träumen.
Natürlich, dort ist die Schleuse, dieses Hebewerk
aus dem ein alter Klang aufsteigt,
wo die Vögel schnattern,
uns Zeit bleibt, eine Landschaft zu betrachten,
die kaum vorbeizieht, Morgengrauen und
Abendlicht zu preisen,
die heute in Kommas geträumt werden.
„Keine Grenzen!", sagten wir uns an Bord
immer wieder, „Nicht einmal der Sprache."

Denn plötzlich ruft man uns vom Ufer an,
ob man die Worte nun versteht oder nicht,
ist doch die Geste ähnlich,
die einfache offene Hand
in nächster Entfernung.
Wenngleich es zurecht Regionen gibt
und die Karten, die uns leiten,
uns daran erinnern, leben wir
doch auch hier, wir Reisende,
die diese Langsamkeit genießen,
mit der wir sie durchqueren wollen,
genauso frei wie die Wasserlinie,
und ohne irgendwelchen Belehrungen Gehör zu schenken.
Auf dem Fluss, auf den Kanälen
kennen wir auch weiterhin
keine andere Grenze als den Dunst.

Poème inaugural du projet « Ostende-Eupen » pour Europalia Festival Trains and Tracks.
La ligne de train Ostende-Eupen traverse tout le pays, quatre régions, trois langues. Carl Norac en fit une résidence d'écriture, portraits de voyageuses, de voyageurs, et réflexions sur la Belgique.
Ce texte fut exposé en trois langues Place de la Monnaie à Bruxelles.

TRAIN ET CHEMIN

Message aux navetteurs

L'ailleurs ne commence plus sur votre seuil.
Le mot chemin lui-même en vous prend sa distance.
L'or du temps est toujours sur le quai d'un autre.
Vous montez dans le train, comme tous les matins
et vous ouvrez les mains pour y voir l'ombre d'un doute.
Savoir où est le mouvement, la mécanique de l'élan
sans le discours des pas pressés, des visages entrevus.
Soudain, au milieu du roulis, des journaux qui se froissent,
des langues du pays, des sommeils qui s'effacent,
vous tracez quelques mots, un poème peut-être
et votre ligne se confond à celle de l'horizon.
Tout semble à portée de souffle, collines ou villes
en un secret silence se donnent à toucher.
Le rail devient cette phrase qui fugue sans ponctuation
mais dont les gens sur les quais, silhouettes de pluie,
figurent aujourd'hui les virgules improbables.
Celles et ceux qui partent sans hasard ni désir
se retrouvent parfois en ce léger écart :

Openingsgedicht van het project 'Oostende-Eupen' voor het Europalia Festival Trains and Tracks.
De lijn Oostende-Eupen doorkruist het hele land, de vier regio's, de drie taalgebiden. Tijdens deze schrijfresidentie in de trein maakte ik portretten van reizigsters en reizigers en dacht ik na over België. Het gedicht werd in drie talen tentoongesteld op het Brusselse Muntplein.

TREINEN EN SPOREN

Bericht aan de pendelaars

Het elders begint niet langer op je drempel.
Zelfs het woord 'weg' wijkt in je terug.
Het goud van de tijd ligt steeds op andermans perron.
Je stapt zoals elke ochtend op de trein,
je opent je handen, ontwaart er een vleugje twijfel.
De beweging kennen, de werking van de vaart
zonder het discours van snelle stappen, vage gezichten.
Opeens, onder het gedender, de kreukelende kranten,
de talen van het land, het dommelen en dutten
zet je een paar woorden neer, een gedicht misschien,
en je vers vloeit over in de horizon.
Alles lijkt binnen adembereik, heuvels en steden
laten zich beroeren in geheimnisvolle stilte.
Het spoor, zin zonder leestekens die wegijlt,
waar op de perrons de mensen, silhouetten van regen,
vandaag vreemde komma's vormen.
Wie zonder toeval of verlangen op pad gaat,
vindt elkaar soms in dit minieme interval:

quoi qu'il advienne du jour, au plus près du regard,
laissez-vous traverser lentement par le paysage.

wat er overdag ook mag gebeuren, laat het landschap,
pal voor je ogen, langzaam in je binnendringen.

Eröffnungsgedicht des Projekts »Ostende-Eupen« im Rahmen des Europalia Festivals Trains and Tracks. Die Bahnlinie Ostende-Eupen durchquert das ganze Land, vier Regionen, drei Sprachen. Carl Norac nutzte die Zeit für eine Schriftstellerresidenz, bei der er Porträts der Reisenden verfasste und über Belgien sinnierte. Dieser Text wurde in drei Sprachen auf der Place de la Monnaie in Brüssel ausgestellt.

ZUG UND WEG

Mitteilung an alle Pendler

Das Anderswo beginnt nicht mehr an Ihrer Schwelle.
Das Wort »Weg« selbst weicht vor Ihnen zurück.
Das Gold der Zeit liegt immer auf dem Bahnsteig
der anderen.
Sie steigen in den Zug wie jeden Morgen
und öffnen die Hände, erblicken dort den Hauch
eines Zweifels.
Wissen um die Bewegung, die Mechanik der Kräfte
ohne das Geschwätz gehetzter Schritte, flüchtiger Gesichter.
Plötzlich, zwischen ratterndem Rollen, raschelnden
Zeitungen,
den Sprachen des Landes, dem dösenden Erwachen,
kritzeln Sie ein paar Worte, ein Gedicht vielleicht
und Ihre Zeile verschmilzt mit dem Horizont.
Alles scheint in Reichweite eines Atemzugs, Hügel und
Städte
dienen sich in geheimnisvoller Stille zur Berührung an.
Die Gleise ein fliehender Satz ohne Satzzeichen,

in dem die Leute am Bahnsteig, Silhouetten im Regen,
heute als unwahrscheinliche Kommas fungieren.
Wer ohne Zufall oder Wunsch die Fahrt antritt,
findet sich manchmal in dieser leichten Schwebe wieder:
Was Ihr Tag auch bringen mag, lassen Sie sich langsam
von der Landschaft vor Ihren Augen durchdringen.

Un nécessaire appel à la désobéissance suite à une nouvelle fermeture injuste des lieux de culture en Belgique.

LE RIDEAU

Et maintenant, voilà, pas moyen de me tirer
de l'ornière. Elle a des bords abrupts, glissants.
Je maudis ceux qui l'ont creusée.
Bientôt ma patience sera à bout.

(Vladimir Vissotski)

Chaque fois que l'homme se lève sur une scène,
 il y a ce rideau.
Ce rideau qui le bouscule, le fait tomber.
Son tissu est fait d'un velours puissant, mais rance,
fils tressés par endroits, pour muselière plus que pour
 dentelière,
ourdis de grelots qui s'entrechoquent, grincent à la façon
de la voix de fantoches ou du rire des lobbyistes.
L'homme tente de se relever, une femme lui tend la main.
L'instant se soulève avec eux.
Ils se répondent ou bien dansent, hors des ornières.
Mais ce rideau revient frapper, métallique,
impose son roulis, frappe en excuse de vague.
Sans plus rien comprendre, les spectateurs,
lèvres pourtant cachées, doivent quitter la salle,
tandis qu'ailleurs, un rictus répète à l'envi :
« Toussez dans les cafés, sur les marchés, braves gens !

Een noodzakelijke oproep tot ongehoorzaamheid na een zoveelste onrechtvaardige sluiting van de cultuurhuizen in België.

HET DOEK

En nu, zie, ik raak niet meer uit de sloot.
Ze heeft steile, gladde randen.
Ik vervloek wie haar heeft gegraven.
Mijn geduld is bijna op.

(Vladimir Vysotski)

Telkens als de man op het toneel verschijnt is er dat doek.
Het doek waar hij tegenaan botst, zodat hij valt.
Het doek bestaat uit sterk, maar ranzig fluweel,
hier en daar vlechtdraad, meer muilband dan kant,
het is doorweven met schelle bellen, die knarsen zoals
de stem van paljassen of de lach van lobbyisten.
De man probeert zich te rechten, een vrouw reikt haar
hand.
Tegelijk krabbelt het moment overeind.
Eensgezind dansen ze, naast de sloot.
Maar opnieuw slaat het doek toe, metalig,
legt zijn stortvloed op, slaat weer toe, een woeste golf.
De toeschouwers zijn één en al onbegrip, hoewel
ze hun mond hebben bedekt, moeten ze de zaal verlaten,
terwijl elders om de haverklap wordt gegrijnsd:
'Brave luiden, kuch er maar op los in de kroeg,
op de markt.

Le vin chaud coule à flots. Le temps est à la farce
et aux dindons ».

Encore et toujours, la femme et l'homme se relèvent
devant ce rideau qu'il leur faut à présent déchirer,
arracher des écrans, des parvis.
Face à l'offense d'être cibles,
il n'est plus temps ici, amies, amis,
de *rallumer les étoiles*
ou de converser à propos de*s assis.*
Pour seule urgence est venue l'heure
de la grande désobéissance.

De glühwein vloeit overvloedig. Leve de farce
    en de kalkoen!'

Keer op keer komen de man en de vrouw overeind
voor het doek dat ze nu moeten verscheuren,
van de schermen, van de planken moeten rukken.
Dat we als mikpunt dienen is een affront,
dus, lieve vrienden, vriendinnen, het gaat niet
meer op *de sterren weer aan te steken*
of te praten over wie bij de pakken blijft zitten.
Nu is de het moment aangebroken
van de grote ongehoorzaamheid.

Ein notwendiger Aufruf zum Ungehorsam nach einer erneuten, ungerechtfertigten Schließung der Kultureinrichtungen in Belgien.

DER VORHANG

Und jetzt, schau, schaffe ich es nicht mehr
aus dem Graben. Sein Rand ist steil, rutschig.
Verflucht seien die, die ihn gegraben haben.
Meine Geduld ist bald am Ende.

(Wladimir Wyssotski)

Wann immer jemand eine Bühne betritt, ist da dieser
Vorhang.
Dieser Vorhang, der einen umwirft, zu Fall bringt.
Sein Stoff ein mächtiger, ranziger Samt,
mancherorts geflochtene Fäden, eher Maulkorb als Spitze,
mit klingenden Schellen durchwoben, schrill wie
die Stimmen der Narren oder das Lachen der Lobbyisten.
Der Mann versucht aufzustehen, eine Frau reicht ihm
die Hand.
Der Augenblick erhebt sich mit ihnen.
Sie gehen aufeinander ein und tanzen sogar neben
den Gräben.
Doch dieser Vorhang schlägt erneut zu, metallisch,
erlegt sein Schlingern auf, schlägt zu statt einer
vorgeschützten Welle.
Die Zuschauer verstehen nicht, warum sie,
obwohl ihr Mund bedeckt ist, den Saal verlassen müssen,

während anderswo wie zum Hohn erschallt:
«Hustet in den Kneipen, auf den Märkten, liebe Leute.
Der Glühwein fließt in Strömen. Wir sind nicht die
Dummen heute!»

Immer noch und immer wieder stehen die Frau und
der Mann auf,
vor diesem Vorhang, den sie jetzt zerreißen müssen,
den Bildschirmen, den Plätzen entreißen.
Jetzt, wo wir zu Unrecht Ziele sind,
bleibt keine Zeit, Freundinnen und Freunde,
die Sterne wieder anzuzünden
oder sich über *die Sitzenden* zu unterhalten.
Einzig drängt der Moment
des großen Ungehorsams.

LE CODE JAUNE

On nous dit qu'enfin nous allons retourner vers le monde.
Comme si l'existence répondait au seul code de la couleur.
Orangées, jaunies, rosacées, nos vies traînent
toujours leurs guêtres et quelques dimanches.
Il nous demeure les serments d'amour
dont le papier se plie ou se froisse parfois trop facilement.
Pour fugue, nous hissons paupières, voiles, nerfs, tendons,
arceaux, faisceaux vers un ciel toujours trop perché.
Nous nous excusons de notre peu de révolte
devant un caillou, un calicot oublié, ou face à la mer.
De race humaine, prétendus solides animaux,
nous courons alors par moments à notre perte,
les bras levés pour mimer à nouveau
le goût très ancien de la victoire,
tel ce temps où, enfants, nous paradions
devant l'immensité de la parole,
pour le seul orgueil joyeux des cris.
Mais soudain, nous ne laissons plus de côté
les instants qui demandent à ne pas finir,
ceux que l'on écartait, à défaut de tenir
une main dans notre main, une nuit entre les ongles.
Oui, malgré tout ce qui précède, nous y allons,
passants parfois poètes sans suffisance.
Nous bougeons nos existences
qui ressemblent à des meubles trop lourds.
Nous tentons d'écharper nos peurs,

CODE GEEL

Ze zeggen dat we de wereld eindelijk hervinden.
Alsof het bestaan alleen met kleurcodes strookte.
Oranje, gelig, rozig slepen onze levens
en wat zondagen zich nog altijd voort.
Blijven over de liefdeseden met hun papier
dat al te makkelijk wordt gekreukt of gescheurd.
In onze vlucht hijsen we onze zeilen, ogen, vezels
    en pezen,
beugels en bundels naar een steevast te hoge hemel.
We bidden een kei, een vergeten spandoek of de zee
om vergeving voor ons geringe verzet.
Als mensensoort, als zogenaamd sterke dieren
lopen we bijwijlen onze ondergang tegemoet,
armen opgestoken om opnieuw de aloude
smaak van de overwinning te proeven
zoals toen we als kind liepen te pralen
voor het immense bouwwerk van het woord
louter om zijn trotse kreten te horen.
Maar opeens denken we weer aan
momenten waar nooit een eind aan mag komen,
ogenblikken die we vermeden zolang we geen hand
in onze hand, geen nacht tussen onze vingers hielden.
En ondanks alles wat gebeurde gaan we ervoor,
passanten en poëten zonder praatjes.
We duwen onze levens
als te zware meubelen voort.

celle du rouge qui saigne à l'est,
déborde d'une guerre où l'homme
est encore un loup pour l'homme.
En nos paysages, nous ne prétendons pas au bleu absolu,
qu'un horizon ponctuerait d'un seul nuage
plus ou moins balancé.
Nous sommes sur le seuil où le voyage s'instille,
où le réel pourtant, son actualité,
nous inspirent des mots jamais proprets, ni définitifs.
Nous n'attendrons plus un matin clair, amies, amis,
ni un avenir rose, ni même l'éloge du gris.
Quoique le soleil en dise,
en nos vies incommodes, sans plus de retard,
nous sommes debout devant vous,
sans notre ombre, maintenant et ici.
Au premier regard, vous nous verrez encore,
passants et poètes, sortir un à un des codes
comme on quitte un brouillard.

We trachten onze angst klein te krijgen,
angst voor het rood dat in het oosten bloedt,
ontsnapt uit een oorlog waar de mens
zich als wolf gedraagt voor de mens.
We streven niet naar het pure blauw in ons landschap
dat aan de kim door één min of meer evenwichtige
wolk wordt aangezet.
We staan op een drempel waar de reis binnensijpelt,
waar de werkelijkheid en haar actualiteit
woorden inblazen die nooit definitief of te netjes zijn.
We wachten niet meer op een heldere ochtend,
op een roze toekomst of op de lof van het grijs.
Wat de zon ook mag zeggen
en hoe lastig het leven ook is
zonder dralen gaan we voor u staan,
hier en nu, zonder enige schaduw.
Zodra u de ogen opslaat ziet u ons,
passanten en poëten, een voor een de codes
opgeven zoals je opdoemt uit de mist.

CODE GELB

Man sagt uns, endlich kehrten wir in die Welt zurück.
Als ob die Existenz allein vom Farbcode abhängt.
Orangig, gelblich, rosig mäandern unsre Leben
und manche Sonntage noch immer.
Was uns bleibt, sind Liebesschwüre,
auf Papier, das zu leicht gefaltet und zerknittert wird.
Zur Flucht heben wir die Lider, Schleier, Nerven, Sehnen,
Bögen, Bündel einem stets zu fernen Himmel entgegen.
Wir leisten Abbitte für unsren kleinen Aufstand
bei einem Kiesel, einem vergessenen Spruchband oder
der See.
Menschlicher Rasse, vorgeblich starke Tiere,
laufen wir manchmal in unser Verderben,
die Arme erhoben, um erneut
den uralten Geschmack des Sieges nachzuahmen,
wie zu der Zeit, als wir als Kinder vor der
Unermesslichkeit des Wortes paradierten,
um der stolzen Freudenschreie willen.
Plötzlich erinnern wir uns der Momente,
die nie enden wollen,
die wir beiseiteschoben, mangels einer Hand,
die wir in unserer halten konnten, einer Nacht in
unseren Fingern.
Trotz allem, was war, gehen wir
manchmal an Dichtern ohne Dünkel vorbei.

Wir bewegen unsere Existenzen
die zu schweren Möbel ähneln.
Wir versuchen, unsere Ängste zu zerreißen,
vor dem Rot, das im Osten blutet,
aus einem Krieg schwappt, in dem der Mensch
noch des Menschen Wolf ist.
Hierzulande behaupten wir nicht, das absolute Blau
zu besitzen,
das ein Horizont mit einer einzigen, ausgewogenen
Wolke unterstreicht.
Wir befinden uns an der Schwelle, wo sich die
Reise andient,
wo die Wirklichkeit, ihre Aktualität,
uns zu Worten inspiriert, die nie gefällig oder
endgültig sind.
Wir warten nicht mehr auf einen hellen Morgen,
weder auf eine rosige Zukunft noch auf das Lob
des Graus.
Egal, was die Sonne dazu sagt,
in unserem unbequemen Leben stehen wir
ohne Zögern vor euch,
ohne unseren Schatten, jetzt und hier.
Anfangs seht ihr uns noch zu,
Passanten und Poeten, die wir den letzten Code verlassen,
wie man aus dem Nebel tritt.

Autres hommages et poèmes de circonstances

Hommages en gelegenheidsgedichten

LETTRE VIVE À MARCEL MOREAU

Une lettre écrite dans le cadre de « Fleurs de funérailles » à la mort de ce grand écrivain et ami de l'auteur. Ce texte est devenu par la suite la préface d'une réédition de Julie ou la dissolution *de Marcel Moreau (Espace Nord).*

Cher Marcel,
notre maison vacille depuis si longtemps
que nous la portons par le souffle, tu le sais,
les poètes ne respirent pas mieux que les autres,
ils ont dans la voix des cailloux, des embruns et du lierre,
mais ils soufflent sans rien éventer, ils soufflent,
non pas parce qu'ils connaissent du vent
une certaine façon de s'enfuir de son seuil,
non plus pour prétendre à l'envol sous un ricanement
de mouettes
ou de passants, ni même pour chasser les nuages,
précisément, les poètes soufflent parce que la maison
vacille.
La tienne était toujours ouverte, rouge, avec vin, viande,
rires,
tu m'enseignais, avec un dictionnaire criblé de balles,
comment tuer ce que tu appelas
(dès la première lettre que tu m'envoyas)
« les poisons de l'ordre ».
Parmi les plombs, nous y cherchâmes un jour le mot
« candeur »,
son sens caché, plus sulfureux que blanchi d'habitudes.
Tu semblais fumer par la barbe parfois, avec une moue
si particulière

LEVENDE BRIEF AAN MARCEL MOREAU

Voor 'Gedichtenkrans' schreef ik deze brief bij de dood van mijn vriend Marcel Moreau, een groot schrijver. De tekst werd achteraf opgenomen als voorwoord bij de heruitgave van zijn roman Julie ou la dissolution *(Espace Nord).*

Beste Marcel,
ons huis wankelt al zo lang
dat we het dragen met onze avond, je weet wel,
dichters ademen niet vrijer dan een ander,
ze hebben keien in hun stem, waternevel en klimop,
maar ze blazen zonder de dingen te luchten, ze blazen,
niet omdat ze weten dat de wind
op een manier hun drempel ontwijkt,
noch om de vlucht na te bootsen terwijl meeuwen of
passanten grijnzen of om de wolken te verjagen,
nee, de dichters blazen omdát het huis wankelt.
Jouw huis stond altijd open, rood, met wijn, vlees, gelach,
je leerde me, met een door kogels doorzeefd woordenboek
(al in de eerste brief die je me stuurde), hoe je het
'gif van de orde'
— zo noemde je dat — moest neutraliseren.
Tussen het lood gingen we op zoek naar het woord
    'onschuld',
zijn verborgen betekenis, eerder hels dan witgewassen
    door de gewoonte.
Soms leek je met je baard te roken, een zo bijzondere trek
    op je gezicht
wanneer je nadacht, als een leesteken in de ruimte.
Vaak stak je tussen twee zinnen even je tong uit,

quand tu réfléchissais, telle une ponctuation dans l'espace.
Tu tirais souvent la langue entre deux phrases,
très brièvement, pas pour serpenter aux alentours des lèvres,
ni pour être cracheur d'encre en excuse de salive.
Brin de tabac, en certains cas,
mais bien plus, incandescente, moins invisible soudain,
la phrase sur le point de jaillir, la voilà
avec sa poudre de sens, sa chair de voix, ses copeaux encore.
Puis venait ton sourire pointu qui avait des façons
de caresse.
Tu plongeais tes mains dans le langage
comme d'autres en la terre, dans une ruche,
dans le charbon ou les entrailles.
Mais avec toi, sur le papier ou la page des jours,
chaque silence avait aussi la volupté d'être brisé.
Tu savais ces façons d'arpenteur, d'équilibriste,
tu dirigeais un orchestre de saveurs, de senteurs,
pétales et épines parlaient de même tige,
et au plus noir luisaient effleurements, efflorescences
plus qu'oraisons.
Toujours ton souffle était là, tel un volcan caché ou
un secret de famille.
Mais tu disais presqu'avec douleur que tu t'endormais
avec le début d'une phrase,
puis que, maladie, l'autre rame de ce curieux transport
t'attendait
à l'orée, à l'aube, te bousculait, jusqu'au point,
au premier chuchotement de la lumière ou de l'ombre.
Aujourd'hui, je t'écris avec mes lèvres cette missive,
je m'adresse à toi malgré ce foutu défaut dans l'air,
mal nommé,

niet om haar over je lippen te laten glijden
of om inkt te spuwen in plaats van speeksel.
Wel een plukje tabak soms,
maar veel vaker, gloeiend, ineens minder onzichtbaar,
de opborrelende zin, die opwelde
met zijn kruit aan betekenis, het vlees van zijn stem,
zijn flinters.
Daarna verscheen je spitse, op zijn manier strelende
glimlach.
Je stak je handen in de taal
zoals anderen die in de aarde staken, in een bijenkorf,
in kolen of in ingewanden.
Maar op het papier, het blad van de dagen kenden
je stiltes het genot gebroken te worden.
Je had het talent van een landmeter, een koorddanser,
je leidde een orkest van smaken, van geuren,
rozenblaadjes en doornen spraken van dezelfde stengel
en meer dan preken glansden in het zwartste zwart hun
aaien, hun aren.
Je ademtocht was altijd aanwezig — verborgen vulkaan
of familiegeheim.
En je zei, smartelijk haast, dat je in slaap viel met het
begin van een zin,
daarna dat de ziekte, andere wagon van dit vreemde
voertuig, op je wachtte,
aan de zoom, bij dageraad, dat ze je voortduwde tot
het punt,
tot het eerste gefluister van het licht of de schemering.
Vandaag schrijf ik deze brief met mijn lippen,
Ik richt me tot jou ondanks het fout benoemde,
verdomde defect in de lucht,

cette moins que rature qui t'enleva le souffle, la vie.
Ce rapt.
La mort, pourtant, tu la laissais parfois souquer ferme,
tu en traduisais une écume, à distance.
Lorsqu'elle prétendait sortir de son suspens, faire route
ou cible,
tu lui donnais le change, tu rapiéçais tes voiles, puis basta,
tu mangeais sur son dos la poignée de terre qu'elle
te destinait
pour y semer des fleurs imprévisibles.
Sache que tes livres s'encrent vivants
chaque fois qu'on s'en empare.
Tout sauf suaire, ils sont carnes pour les yeux,
visages à l'espoir virulent.
Ils pactisent de beauté avec un infini de contrebande
en compagnie de femmes aimées, d'un ciel bien remué
comme les derniers dés dans une paume.
On y devine même cette maison dont nous parlions,
cette demeure qui vacille depuis si longtemps,
et ce matin, par le souffle de tes mots,
c'est encore toi qui la réinventes.

deze futiele doorhaling die je de adem, het leven ontnam.
Deze roof.
Toch daagde je de dood niet zelden zelf uit,
Vanuit de verte vertaalde je haar vlokkende schuim.
Als ze ongeduld veinsde, op haar doel leek af te gaan
wist jij haar te ontglippen, je verstelde je zeilen en
daarmee uit,
op haar rug at je het handvol aarde waar ze je toe bestemde
en zaaide er onvoorziene bloemen.
Telkens als iemand naar je boeken grijpt,
worden ze levend geïnkt
Geen lijkwade zijn ze maar voedsel voor de ogen,
gezichten met een ontembare hoop.
Ze wedijveren in schoonheid met een gesmokkelde
eeuwigheid,
in het gezelschap van geliefde vrouwen, met lucht die
dooreen werd
geschud als de laatste dobbelstenen in een hand.
Je vermoedt er zelfs het huis waarover we praatten,
je al zolang wankele woonplaats,
en vanochtend, met de ademtocht van je woorden,
vind jij die alweer uit.

« PAYSAGE D'UN HOMME »

En hommage à Monsieur J-C W, mort de façon foudroyante du Covid 19 dans une maison de retraite en Hainaut. Ce poème, la famille l'a voulu inspiré par son amour de la nature et sa philosophie personnelle. Il fut lu lors de la dispersion de ses cendres en un paysage qu'il affectionnait, celui de la forêt.

C'est un homme qui parfois entrait dans une forêt
à la recherche de lui-même et s'y retrouvait.
C'est un homme qui s'approchait d'un volcan
pour accorder son cœur au battement du monde
et quitter un autre tumulte.
C'est un homme qui, regardant l'immensité,
aimait avoir un oiseau d'avance dans les yeux.
C'est un homme qui, le soir, explorait le présent du jour
dans des livres d'histoire.
C'est un homme qui adorait étudier comment s'entrelacent,
en chaque particule, la terre et l'univers.
C'est un homme qui était aussi un père drôle,
audacieux qui, pour métier, soignait les cœurs
et disait son amour à sa façon.
Il faudrait dire : c'était.
Cet homme vient de partir sans le temps de l'adieu.
Mais restons dans le présent d'un paysage,
auprès de lui, homme comme clairière.
Un poète a dit que parfois *les souvenirs nous devancent.*
Cet homme aimait la forêt
et, aujourd'hui ici, il y retourne.
Quelques cendres vont s'envoler sur ce petit sentier,

IEMANDS LANDSCHAP

Eerbetoon aan de heer J-C W, die in een rusthuis in Henegouwen door Covid 19 werd geveld. Zijn familie wenste dat dit gedicht zou gaan over zijn liefde voor de natuur en over zijn persoonlijke filosofie. Het werd voorgelezen tijdens zijn asverstrooiing in een bos, zijn geliefkoosde plek.

Hij was iemand die soms naar het bos ging
op zoek naar zichzelf en die zich daar ook vond.
Hij was iemand die op een vulkaan af liep
om zijn hart te laten kloppen op het ritme van de wereld
en om aan elk ander gedruis te ontsnappen.
Hij was iemand die naar het oneindige keek
en graag een vogel voorsprong in de ogen had.
Hij was iemand die 's avonds in geschiedenisboeken
het heden van de dag verkende.
Hij was iemand die wilde weten hoe in elk deeltje
aarde en heelal met elkaar waren verweven.
Hij was een geestige, moedige
vader die voor zijn beroep harten verzorgde
en op zijn manier liefde uitbazuinde.
Ik moet zeggen: hij was.
Want hij is van ons weggegaan zonder afscheid.
Maar laten we in het nu van het landschap blijven
dat hem omringt, een man als een laar.
Een dichter zei ooit: *de herinnering gaat ons vooraf.*
Hij hield van het bos
en vandaag vindt hij het terug.
Over dit paadje waait zijn as op
maar in ons blijven ze overleven,

mais en nous de si grands chemins tracés
nous demeurent.
Cet homme n'aimait pas trop qu'on parle de lui.
Il préférait marcher pour qu'un pas soit parole.
En haut de l'Everest, il tutoyait déjà l'intemporel.
Car il savait et le sait encore, où qu'il soit,
qu'en montant vers les sommets,
on finit toujours, au bout d'un moment,
par avoir un peu de ciel dans la poche.

de grote wegen die hij baande.
Hij wilde niet dat er over hem werd gepraat.
Hij wandelde liever, in de hoop dat elke pas een
    woord werd.
Op de top van de Everest richtte hij zich al tot het tijdeloze.
Want hij wist, en waar hij nu ook mag wezen, hij weet
    nog steeds
dat je, als je naar de bergtop klimt,
na een poos altijd
een stukje hemel in je broekzak hebt.

À PAUL SNOEK, NAGEUR INVISIBLE

Poème écrit en hommage au poète flamand Paul Snoek dans le cadre de « Woordzee » 2019 à Ostende.

Parfois, je vois encore en vous ce très vieil enfant
aux mains tachées d'encre, devant la mer bleue.
Ou bien, vous qui étiez élancé, taillé dans un bloc de
métal blanc,
je vous imagine en géant dont on n'admire pas la grandeur,
mais qu'on démonte, observant ses rouages,
ici le logis d'un rire qui touche le ciel,
là-bas le mécanisme organique de la mélancolie.
Un enfant n'est jamais tendre, sauf pour un ogre.
Vous étiez les deux.
Souvent, vous vous moquiez, Paul Snoek :
pour vous, il y avait des miroirs partout,
jusque dans le visage des autres.
Votre douceur ? C'était essentiellement pour les fleurs
qui toujours nous survivent à leur façon
ou pour ces bouquets de chats
qui encombraient vos bras dans notre monde de chiens.
À Ostende, vous aimiez parler de nageurs
pour écarter vos propres vagues,
ce goût de se noyer qui rend le souffle un peu plus pur
et annonce la fraîcheur retrouvée du désespoir.
Vos poèmes sont des damiers où les pions sont soufflés,
où les fous sont des cavaliers, où le roi, c'est vous,
immobile, fiché dans une tour
qui devient peu à peu cette grue où une voiture s'écrase.

VOOR PAUL SNOEK, ONZICHTBARE ZWEMMER

Hommage aan Paul Snoek in het kader van 'Woordzee', Oostende 2019.

Soms zie ik in jou nog dat heel oude kind
met door inktvlekken besmeurde handen, voor de
blauwe zee.
Of, rank als je was, gehouwen uit een blok wit metaal,
zie ik een reus die niet wordt bewonderd om zijn formaat,
maar die bij de studie van zijn raderwerk wordt gesloopt —
hier de schuilplaats van een lach die de hemel bereikt,
daar de organische mechaniek van de melancholie.
Een kind is nooit mals, behalve voor een menseneter.
Jij was het allebei.
Vaak dreef je de spot met de dingen:
je zag overal spiegels,
zelfs in het gezicht van de ander.
Je tederheid? Je richtte haar vooral tot de bloemen
die ons op hun manier steeds overleven
of tot de vrachten katten
die in onze wereld van honden je armen bezwaarden.
In Oostende had je het graag over zwemmers
om je eigen woelige wateren te overwinnen,
de neiging te verdrinken die de adem wat puurder maakt
en de hervonden koelte van de wanhoop voorspelt.
Je gedichten, een schaakbord waarop de pionnen weg
werden gemaaid,
waarop de lopers ruiters zijn en waar jij de koning bent,
roerloos, gevangen in een toren

Oui, vos poèmes, encore aujourd'hui,
figurent à mes yeux, en revers des mots,
comme une goutte de sang tombée dans du blanc d'œuf,
un soleil trop jaune qui traîne, accroupi dans le ciel
ou pissant dans la boue.
Fuir, c'est toujours commencer à raconter avec ses jambes,
vous le saviez.
Tout le temps, vous tentiez de vous coller aux femmes
pour errer loin de vous.
Vous étiez si triste parfois, assis sur une phrase,
un minuscule requin dormant dans votre première larme.
La vie vaquait sans vous à l'ordonnance des jours.
Et pendant ce temps-là, vous cherchiez comment se purifier
dans une tranche de cœur, dans le soupir d'un arbre,
ou la fumée d'un bolide.
Chacun d'entre nous connaît, sur sa peau, où se trouve
la blessure cachée, ce trait de lame sourd
dans notre chair, ce poids, ces algues, ces os,
le stigmate de Dieu et sa danse endiablée.
Paul Snoek, depuis que je vous lis,
je vous vois parfois en songe, avec votre calvitie de martien,
je vous regarde détacher votre ombre avec soin,
comme on le fait d'une décalcomanie.
Je vous devine rire, mais juste sous les lèvres.
À part quelques hérons au fond de vous, votre ventre
me paraît
ressembler à une volière pauvre, sans phénix,
avec, dans les entrailles, des plumes tombées, oubliées.
Les oiseaux sont remontés se poser sur les plis de
votre front,

die allengs de bouwkraan wordt waar een auto zich tegen
te pletter rijdt.
Ja, in mijn ogen gelden je gedichten,
ook nu nog, over de woorden heen,
als een druppel bloed die in eiwit viel,
een te gele zon die blijft slepen, ineengedoken in de hemel,
of die gutst in het slijk.
Vluchten is altijd *vertellen* dat bij de benen begint,
je weet dat.
Steeds zat je vrouwen op de huid om op het eind ver van
jezelf te verdwalen.
Je was soms zo verdrietig, zittend op een zin,
een nietige haai die sliep in je eerste traan.
Het leven liep zonder jou volgens de orde van de dagen.
En intussen zocht je maar hoe je je zuiveren kon
in het schijfje van een hart, in de zucht van een boom
of de rook van een racekar.
Ieder van ons weet op zijn huid de verborgen
wond liggen, de jaap van een doof lemmet
in ons vlees, het gewicht, de algen, de botten,
het stigma van God en zijn duivelse dans.
Sinds ik je lees
zie ik je soms in mijn dromen, met je kale
marsmannetjeskop,
en kijk ik toe hoe je secuur je schaduw losmaakt
als een decalcomanie.
Ik raad je lach, maar alleen binnensmonds.
Op de reigers na die in je binnenste schuilen, lijkt je buik
op een schamele volière zonder feniks,
met, in zijn ingewanden, gevallen, vergeten veren.

ces traits au-dessus des sourcils que vous attrapiez, rageur,
d'un large mouvement des doigts.
C'est sur ces lignes-là que vous écriviez souvent vos poèmes.
Quant à vos yeux, ils paraissaient murmurer,
sans prière aux paupières :
« Que faire de cet amour, de cette tendresse ? »
L'éternité en vous volontiers devenait liquide,
puis se corrompait sur une page.
Vous aviez si envie de l'écrire plus crue, la vie,
comme une soie dans les épines
ou un trousseau de clefs dans une main trouée.
Alors, voilà, vos poèmes flambent, Paul Snoek,
il y a toujours des lys parmi vos chardons,
des anges qui fouillent sous vos cendres,
des duvets près de vos rêves de femme.
Il y a cette lumière qu'on attendait en vain
et qui, soudain, nous aveugle,
l'image de mains qui se nouent
en lâchant le volant, un dernier verbe aux pieds
pour appuyer bien fort, on y va, une seconde,
allez, on y va.
À l'instant où le verre se brise,
vous revoilà sorti indemne d'un âge, d'un pli en soi
qu'on nomme l'âme.
Vous, le trop vieil enfant, vous marchez sur un sentier
en ce moment, vous laissez entrevoir votre reflet
de fantôme élégant sur une vague bien choisie à Ostende,
vous renaissez homme de sable et de neige,
vous avez une faim de loup et de poète, Paul Snoek,
vous mangez de la joie tant que sa viande saigne
et de la peine à vous casser les dents.

De vogels stegen op en streken neer op de rimpels
van je voorhoofd,
de strepen boven je wenkbrauwen die je, woedend,
met een weidse uithaal van je vingers vastgreep.
Op die lijnen schreef je je gedichten neer.
En je blik, hij lijkt zonder bede
te prevelen tot je oogleden:
'Wat moet ik met die liefde, met die tederheid aan?'
In jou werd de eeuwigheid vanzelf vloeibaar,
daarna werd ze verbasterd op een blad.
Je snakte ernaar het leven rauwer te schrijven,
als een zijdedraad in de doornen
of een bos sleutels in een hand vol gaten.
Dus ja, je gedichten laaien,
nog altijd groeien er lelies tussen je distels,
engelen die onder je as blijven woelen,
donsveren bij je gedroomde vrouwen.
Er is dat licht waar we vergeefs op wachtten
en dat ons, opeens, verblindt,
het beeld van handen die worden gevouwen
als ze het stuur lossen, een laatste werkwoord aan
de voeten
om plankgas te geven, daar gaan we, een tel,
komaan, daar gaan we.
Net wanneer het glas breekt,
ben je er weer, ongedeerd opgedoemd uit een tijd,
een innerlijke vouw die de ziel wordt genoemd.
Jij, het te oude kind, vervolgt nog altijd
je pad, nu laat je ons je weerschijn ontwaren
van elegante schim op een weloverwogen golf in Oostende,
je wordt herboren, man van zand en van sneeuw

Une ou deux muses descendent pour vous,
d'un escalier de plage ou d'un bûcher.
Mais vous repartez déjà, puis vous nagez encore,
toujours à contre-vague, les bras bien écartés
comme pour accueillir ensemble le monde et la mort.
Ici, depuis la digue, une nouvelle fois,
je crois au loin vous apercevoir
et votre façon de nager, contre toute attente,
est encore celle du papillon.

je hebt honger als een wolf, als een dichter,
zolang het vlees blijft bloeden, verslind je de vreugde,
en het verdriet, tot je tanden breken.
Een paar muzen lopen voor jou een trap af
van een strand of een brandstapel.
Maar je verdwijnt opnieuw, daarna zwem je weer verder,
steeds tegen de stroom in, je armen wijd
om zowel de wereld als de dood op te vangen.
Hier, vanaf de dijk, meen ik andermaal
dat ik je in de verte zie
en tegen elke verwachting in
zwem je nog altijd de vlinderslag.

UN PASSANT SUR LA DIGUE

Poème pour le projet « Kalimafiesta » autour la poésie arabe organisé par Els Moors et Vonk en Zonen, qui fut malheureusement annulé au printemps 2020 du fait du confinement.

à Ostende, en janvier

« Regarder la mer permet de tout oublier,
d'effacer même cet instant au moment où tu le prononces »,
me dit ce vieil homme, en me fixant.
ll tend, à défaut de les déployer, ses mains sans racines
et laisse deviner une langue trop blanche,
aussi nacrée que l'intérieur d'un coquillage.
« Une seule vague ! s'écrie-t-il.
Une seule vague nettoie les timbres oblitérés,
les pièces rouillées qui empestent, les bois échoués,
les cartes postales de vacanciers morts, les idées
encore rouges,
les souvenirs d'amour dont les lettres souvent
se révèlent encore vivantes quand tes doigts sont éteints. »
Ce vieil homme marche, avance, comme si chaque roulis
lui parlait de l'absence d'un retour.
Pourtant, il rit des chemins perdus qui se croisent
dans le sable
ou du soleil qui tombe trop loin pour qu'on le chante.
Il ne sait plus si la ville est entrée dans les vagues
ou les vagues dans la ville, s'il est à Alger, à Ostende,
ou dans cette part d'oubli qu'on situe dans l'air
avec un seul doigt qui danse.

NAAR DE WITSTE ZEE

Gedicht voor 'Kalimafiesta', het festival met als thema de Arabische poëzie dat werd georganiseerd door Els Moors en Vonk en Zonen. Vanwege de lockdown in de lente van 2020 werd het helaas geannuleerd.

Oostende, januari

'Naar de zee kijken laat je alles vergeten,
zodra je het uitspreekt, wordt zelfs dit ogenblik uitgewist,'
zegt de oude man, die me aanstaart.
Niet echt een piraat of bedelaar strekt hij
zijn wortelloze handen uit zonder ze open te vouwen.
Hij laat een te witte tong vermoeden,
haar parelmoer als de binnenkant van een schelp.
'Een enkele golf!' roept hij uit.
'Een enkele golf spoelt gestempelde postzegels schoon,
stinkend roestig schroot, aangespoeld drijfhout,
ansichten van dode vakantiegangers, nog roodgloeiende
gedachten,
liefdesherinneringen in brieven
die blijven leven ook al zijn je vingers verdoofd.'
De oude man loopt, hij wandelt alsof elke roller
van de afwezige terugkeer spreekt.
Hij lacht met de eeuwig onvoltooide zandkastelen
met de wat zure wolken,
met de zon die daar ondergaat, te ver om haar te bezingen.
Naar de zee kijken geneest hem een poosje van de mensen,
zo roept hij bruisende denkers op,
bebrilde drenkelingen of mokkende meisjes in de haven.

Il s'assied. Les brise-lames deviennent les signets d'un livre
qu'il parcourt sans déranger ses paupières.
Un ange se noie dans l'air en levant une aile au-dessus
de son coude
et un bateau fond, tel un sucre, avant de rejaillir,
allumé d'oiseaux, comme s'il voguait exprès
pour venir le chercher, oui, une dernière fois.
« Regarder la mer permet de tout oublier,
d'effacer même cet instant au moment où tu le prononces,
me répète-t-il. Alors, vas-y, mon frère,
ouvre les yeux, commençons maintenant. »

Hij weet niet meer of achter zijn rug een vuurtoren staat
of een minaret,
of de stad de golven is binnengedrongen, of de golven
de stad.
Hij weet niet meer of hij in Algiers is, in Marseille
of Oostende,
of in het deel van het vergeten dat danst in de lucht
op het ritme van één zoekende vinger.
De vraag van het oneindige, die hem tot middernacht
benauwde,
krimpt hier tot de eerste krul van de vloed.
Dat hij een vreemde is laat zijn voetstap voortaan onberoerd.
De armen die uit de verte naar hem worden uitgestoken
raken hem minder dan de wijzers van een klok.
Hij gaat zitten. De golfbreker wordt de bladwijzer
in een boek
dat hij doorneemt zonder met de ogen te knipperen.
Een engel die een vleugel boven zijn elleboog heft,
verdrinkt in de lucht
en een schip smelt als een klontje, tot het weer opduikt,
met vogels verlicht, het zeilt recht naar hem toe
om hem op te halen, ja, een laatste maal.
'Naar de zee kijken laat je alles vergeten,
zodra je het uitspreekt, wordt zelfs dit ogenblik uitgewist,'
zegt hij opnieuw. 'Komaan, ga ervoor, broer,
open je ogen, nu moeten we beginnen.'

SANS LOUVOYER

Pour Jean Louvet qui, en ces temps troublés, nous manque tant et plus.

Il avait dit qu'il marchait avec un soleil dans la poche.
De lui s'échappait aussi
une lumière d'un endroit secret sous la langue
ou dans le poing qui s'ouvre contre le bras dressé de l'ordre.
Il avait dit qu'il marchait avec un soleil dans la poche.
À le voir passer, c'était le ciel qui devenait taché d'encre.

Un jour, il m'écrivit qu'il avait vu passer un oiseau
qui ressemblait à celui d'un de mes poèmes,
d'une page un seul oiseau noir évadé un moment,
qu'il avait reconnu, se retournant doucement
quand la nuit ferme sa première aile.
« Les mauvais livres donnent le cancer »,
m'affirma-t-il un jour en riant,
de sa voix où traînaient des cailloux,
sous un regard tendre.
Son nom évoquait comme sa ville louves et loups,
mais nul ne le voyait filer entre les arbres
ou chercher une proie :
sa voix pour soc, ici sans louvoyer, il ne s'asseyait
que pour parler toujours des gens debout.

Dans le wagon ce matin, tout le monde se presse,
des dames courent, des enfants,
parfois un homme de compagnie,
ou Faust dans l'ombre du Bon Dieu prétendu.

ZONDER TE SCHIPPEREN

Voor Jean Louvet die ik in deze troebele tijden hoe langer hoe meer mis.

Hij zei dat hij met een zon in zijn zak liep.
Bij hem ontsprong er
licht op een geheime plek onder zijn tong
of in zijn vuist die zich verzette tegen de geheven arm
  van de orde.
Hij zei dat hij met een zon in zijn zak liep.
Als hij voorbijkwam, zag je de lucht die met inkt
  werd gevlekt.

Op een dag schreef hij me dat hij een vogel had zien
vliegen die leek op de vogel uit mijn gedichten,
een zwarte vogel die even aan een blad was ontsnapt
en die hij had herkend toen hij zachtjes terugkeerde
wanneer de nacht zijn eerste vleugel vouwde.
'Van slechte boeken krijg je kanker',
zei op een dag, met een lach
in zijn stem waarin keien schuurden,
en met een tedere blik.
Net als zijn stad deed zijn naam denken aan wolven,
maar niemand zag hem tussen de bomen
rennen of zoeken naar een prooi:
zijn stem was zijn sokkel, en zonder te schipperen
ging hij alleen zitten om te praten over wie overeind blijft.

Vanochtend in de wagon heeft iedereen haast,
vrouwen, kinderen rennen,

En ce temps qui vacille jusqu'au train où je suis,
Jean, qu'aurais-tu dit aujourd'hui
pour ne rien imposer d'un chemin,
mais le rêver paumes ouvertes ?
Et dénoncer ce qui déraille,
parler de nos théâtres fermés,
enfin de ces deux mots étrangement accolés :
la distance sociale.

Chez toi, je me souviens,
il y avait une grande douceur dans l'iris,
et, à l'inverse, tu avançais un regard pointu,
jusqu'aux paupières, pour cingler l'injustice.
Nous savions que tu marchais avec un soleil dans la poche.
Où que tu sois, en notre présent qui se tord,
je voudrais tant pouvoir te dire qu'il m'éclaire encore.

un homme de compagnie
of een Faust in de schaduw van een vermeende
    Goede God.
Jean, wat zou je nu hebben gezegd,
in een tijd die beeft zoals de trein waarin ik zit,
weigerend een pad op te leggen
maar dat met open handen dromend?
Als je de ontsporingen aan zou klagen,
over onze gesloten theaters zou praten,
en over dat vreemde woordenpaar:
sociale afstand.

Ik herinner me
de grote tederheid in je ogen
en omgekeerd, de vlijmscherpe blik
waarmee je elk onrecht aan de kaak stelde,
We wisten dat je met een zon in je zak liep.
Waar je ook bent in deze donkere dagen,
ik zou je willen zeggen dat die nog altijd voor me schijnt.

POUR MAWDA

Poème écrit pour cette petite fille syrienne tuée d'une balle de policier, un texte qui fut lu intégralement pour terminer la plaidoirie de l'avocate de la famille lors de ce procès historique à Mons en 2021.

On a dit qu'elle est tombée de la voiture.
On a dit qu'on n'avait pas tiré.
Mais la courte flamme a bien fusé
sous le toit de la sirène vrombissante.
Alors, on a dit qu'on visait un pneu,
pas cette joue d'enfant transpercée,
mais ce pneu qui aurait envoyé
le monde valdinguer.
On a dit, on a médit, on a redit.
On dit souvent tant de choses.

Son nom était chantant, beaucoup de *a*
et deux *w* pour adoucir : Mawda Shawri.
Pour elle, son pays avait le bruit
d'un papier que l'on déchire.
Deux ans de vie, ballottée aux frontières,
épelant Angleterre comme un bout de prière,
suivant les marchands de misère,
elle attendait ce calme, vous savez bien :
le silence qui vient sans qu'un cri ne l'annonce.
Qu'a-t-elle pu comprendre ensuite
de la folle poursuite, des hurlements, puis rien ?

Mawda est morte face aux plaines de mon enfance,

VOOR MAWDA

Gedicht geschreven voor het Syrische meisje dat door de kogel van een politieagent werd gedood. De tekst werd op het historische proces in Bergen, in 2021, integraal voorgelezen door de advocate van de familie.

Men zei dat ze uit de auto was gevallen
Men zei dat er niet werd geschoten
Maar het korte vuur is wel degelijk ontbrand
onder het dak van de loeiende sirene.
Toen zei men dat naar een band werd gericht,
niet naar die doorboorde kinderwang,
maar naar een band, zodat de hele
wereld begon te tollen.
Men zei, men loog, men herhaalde.
De mensen zeggen zoveel.

Ze had een zingende naam, veel a's
en twee zachte w's: Mawda Shawri.
Haar land had de klank
van een blad dat verscheurd wordt.
Amper twee jaar, tussen grenzen heen en weer
geslingerd, Engeland spellend als een schietgebed,
volgde ze de handelaars in ellende,
wachtte ze op kalmte, u weet wel,
de stilte die valt, niet voorafgegaan door een kreet.
Wat heeft ze begrepen van de dolle achtervolging
achteraf, van het geschreeuw, daarna het niets?

Mawda stierf bij de vlakten uit mijn jeugd,

grisées de vert, aux pâturages sans âge,
rues brisées qui courent vers les bruyères,
où le temps passe seulement quand il y pense,
où le vent converse d'abandon avec un sapin, un saule
ou avec quelque ruminant posé ici de toute éternité.
De ce paysage jamais flamboyant
mais que rien ne rompt ou ne fend,
elle n'aperçut que le soir le plus rouge.

Quitter un pays qui se déchire comme une page
pour mourir à cause du seul papier qu'on n'a pas.
On dit souvent tant de choses.
Trop de choses. Mais les mots manquent parfois.

dronken van groen, met tijdloze weiden,
onderbroken straten die naar de heide lopen,
waar de tijd alleen voorbijgaat als hij eraan denkt,
waar de wind over eenzaamheid praat met een den,
    een wilg
of met een herkauwer die hier al eeuwen ligt.
Van dit nimmer vurige landschap
dat nooit wordt onderbroken of doorkliefd
zag ze enkel de roodste avond.

Een land verlaten dat verscheurd wordt als een blad
om te sterven vanwege één ontbrekend papier.
De mensen zeggen zoveel.
Veel te veel. Maar soms ontbreekt het aan woorden.

Verwondering

(extraits / fragmenten)

À l'été 2021, dans sa ville d'Ostende, Carl Norac fut nommé « festivaldichter » du grand événement de théâtre qu'est « Theater aan zee », invité par la curatrice de l'événement de cette année-là, Caroline Pauwels. À ce titre, pendant quinze jours, chaque matin, un nouveau poème fut exposé en ville pour les passantes et passants, le tout formant à la fin dans un parc le début d'un livre ouvert.

In de zomer van 2021 werd Carl Norac aangesteld als festivaldichter van 'Theater aan zee'. Dat gebeurde op uitnodiging van curator Caroline Pauwels. Twee weken lang werd dagelijks voor alle passanten een nieuw gedicht opgehangen in de stad. Op het eind van het festival vormden ze het begin van een open boek.

EN PASSANT SUR UNE PAGE

à Ostende, en juin

La nuit est plus courte que la main qui voudrait l'ouvrir.
D'ailleurs, elle ne vient pas.
Cherche-t-elle dans ses poches
un peu de la monnaie de ses lueurs ?
Ou bien, comme un chat giflé, prépare-t-elle
une sombre vengeance ?
Sans doute est-ce moi qui l'ignore,
rivé aux mots, bleu jusqu'aux phrases,
mal fagoté, et esquissant le geste
de sortir de la manche encore
quelques copeaux de jour
à parsemer sur une page.
Près de la dune, je discerne
la silhouette d'un enfant endormi,
la tête posée sur son château de sable.
Au loin, éoliennes et bateaux semblent tracer
un autre pays, la lamelle effilée d'une île
à l'horizontalité trop parfaite.
Je vais traîner puisque la nuit s'absente
et m'étonner d'un rien, surtout écrire encore
ce qui ne peut s'élaguer au large.
Peut-être même vais-je attendre l'aube
qui parfois, contrariée, s'étend
elle aussi, longuement,
pareille à une tache d'encre.

LOPEND OP EEN BLAD

Oostende, in juni

De nacht is korter dan de hand die hem wil ontsluiten.
Trouwens, hij komt niet.
Zoekt hij in zijn zakken naar
wat straaltjes wisselgeld?
Of bereidt hij, zoals een gekrenkte kat,
een duistere weerwraak voor?
Wellicht wordt hij door mij genegeerd, ik die
gekluisterd aan de woorden, blauw zelfs van zinnen,
Slonzig gekleed, aanstalten lijk te maken
om uit mijn mouw nog een paar
spaanders dag te schudden die
ik op een blad zal zaaien.
Bij de duin ontwaar ik
de gedaante van een slapend kind,
zijn hoofd rust op een zandkasteel.
De schepen en turbines in de verte lijken een ander
land te schetsen, de ranke lamel
van een te volmaakt vlak eiland.
Ik blijf talmen omdat de nacht afwezig blijft
en verbaas me nergens over, wil vooral nog schrijven
wat in volle zee niet kan worden weggesnoeid.
Misschien wacht ik op de dageraad
die op zijn beurt soms,
misnoegd, lang, als een inktvlek
uit blijft vloeien.

POÈME MOIRÉ SUR FOND BLANC

À Ostende, Roger Raveel croise une femme bleue.
Ils parlent de la façon de vivre à contre-vague.
On ne sait plus de quelle couleur est la mer,
sinon qu'elle apparaît plutôt carrée cette nuit.
Ici, la genèse de tout instant se fait attendre
et le soleil, tel un enfant timide,
met un siècle à se jeter de son plongeoir.
Peintre et femme déjà se quittent. Il est temps.
Non loin d'eux, au détour des heures,
il va falloir encore aller chercher,
dans la vie ordinaire, ce chemin qui sinue,
qui ne fut jamais dessiné
et dont l'ailleurs n'appartient à personne.

MOIRÉ GEDICHT TEGEN WITTE FOND

In Oostende loopt Roger Raveel een blauwe vrouw
    tegen het lijf.
Ze vragen zich af hoe je tegen de golfslag in kunt leven.
De kleur van de zee zien we niet meer,
ze lijkt vannacht veeleer vierkant te zijn.
Hier laat de wording van elk moment op zich wachten
en als een verlegen kind draalt de zon
o zo lang voor ze zich van haar duikplank werpt.
Schilder en vrouw verlaten elkaar al. Het is tijd.
Niet ver daarvandaan moeten ze,
na een poos, alweer op zoek gaan,
in het gewone leven, naar de bochtige weg
die nooit werd getekend
en waarvan het elders niemand toebehoort.

QUE DIS-TU ? WAT ZEG JE ?

Les frontières m'ont toujours attirée, elles invitent à être franchies, elles élargissent le champ des possibles. (Caroline Pauwels)

Au bout du jardin, il y a la frontière.
Les cousins attendent.
Ils patientent dans une autre langue que la mienne.
Nous parlons avec nos mains,
juste avant que nos rires ne deviennent des phrases.
Sans flux de paroles, il faut inventer un jeu.
C'est en courant que nous le trouvons.
Jusqu'au soir, malgré ronces, roses,
aubépines, nous jouons à traverser la frontière,
dans un sens, puis dans l'autre,
sans compter les passages, ni les obstacles.
Au bout d'un moment, ni héros de papier,
ni surtout conquérants de rien,
les cousins et moi, sans l'air d'y toucher,
nous le sentons bien
ce pouvoir soudain de dessiner,
à notre façon,
l'autre part libre du paysage.

WAT ZEG JE? QUE DIS-TU?

Vanouds word ik aangetrokken door grenzen, ze vragen erom overschreden te worden, ze verruimen het veld van de mogelijkheden. (Caroline Pauwels)

Op het eind van de tuin loopt de grens.
Mijn neefjes wachten.
Ze oefenen geduld in een andere taal dan de mijne.
We praten met onze handen
tot onze schaterlach verandert in een zin.
Als woorden ontbreken, moet je een spel verzinnen.
We rennen en sprinten tot we het vinden.
Tot 's avonds laat, en ondanks de bramen, de rozen,
de meidoorn, spelen we haasje-over de grens,
in de ene, dan weer de andere richting,
hoe vaak, de obstakels — we tellen het niet.
Na een poos voelen
mijn neefjes en ik
— we zijn geen papieren helden,
hebben helemaal niets veroverd — spontaan
dat we op onze manier
de vrije overkant van het landschap
kunnen tekenen.

LES YEUX D'EINSTEIN

« J'aime penser que la lune est là
même si je ne la regarde pas » (Albert Einstein)

Ainsi, dit-il, vos yeux s'éteindront
si vous ne connaissez plus l'étonnement.
Vos yeux, il s'agit de les rendre,
sans la levée d'autres cils,
à l'angle de votre propre regard.
Dès la cornée, l'acte de voir
demeure un paysage si singulier.
L'horizon ne sait pas, il s'invente.
Il devient parfois cet enfant
qui s'approche et s'amuse, à perte de vue,
à longer la mer ou l'absolu sans devoir
se déguiser en vague ou en nuage.
Déjà, l'aube, ce miracle
beau d'être sans certitude,
dispute à la mort, comme toujours,
quelques pas dans le sable.
Laissez vivre en vous ces chemins
curieux du monde tel qu'il bat,
qui deviendront parfois
ce visage inconnu ou un premier poème.

DE OGEN VAN EINSTEIN

'Ik koester de gedachte dat de maan er is,
ook als ik niet naar haar kijk.' (Albert Einstein)

En zo, zei hij, zullen je ogen uitdoven
als je je niet meer verbaast.
Het komt erop aan je ogen
weer in je eigen blikveld te brengen
zonder dat iemand de wenkbrauwen fronst.
Wat je vanaf je hoornvlies kunt zien
blijft een zonderling landschap.
De horizon weet niet, hij wordt verbeeld.
Soms is hij een kind
dat dichterbij komt en eindeloos
de zee of het volstrekte volgt zonder
zich als golf of als wolk te vermommen.
De dageraad, wonder
van ongewisse schoonheid,
ruziet als vanouds met de dood
over een paar voetstappen in het zand.
Laat in je binnenste de wegen overleven
die de hartenklop van de wereld willen kennen
en soms de gedaante aannemen
van een onbekend gezicht of een eerste gedicht.

HÔTEL DU PARC

Quand Stefan Zweig cheminait à Ostende,
la guerre pondait déjà ses œufs.
Sur l'unique photographie, il sourit avec effacement.
À l'Hôtel du Parc, cependant,
son fantôme discret parfois plane encore.
Je ne prétends pas le convoquer à l'heure où,
discrètement, j'écris le portrait
d'une passante, d'un passant.
Parfois, tantôt elle, tantôt lui me regardent écrire.
Je deviens leur moineau d'encre.
Voilà des mots jetés, d'autres qui s'apprivoisent.
Ce ne sont ni bouées, ni mâts, ni perles rares.
Ce qui surgit en moi affleure, puis se laisse approcher.
Si c'est un poème, j'attends une femme.
Si c'est une prose, j'y attends la pluie.

HÔTEL DU PARC

Toen Stefan Zweig door Oostende struinde
broedde de oorlog al.
Op zijn enige foto zie je zijn monkellach.
Intussen waart zijn discrete schim
nog steeds rond in Hôtel du Parc.
Ik wil hem niet storen nu ik
discreet een passante,
een passant portretteer.
Ik word hun inktmus.
Nu eens gooi ik mijn woorden zomaar neer, dan weer
    moet ik ze temmen.
Het zijn reddingsboeien, masten noch zeldzame parels.
Wat in me oprijst, breekt door, laat zich benaderen.
Als het een gedicht wordt, wacht ik op een vrouw.
Als het proza wordt, wacht ik op de regen.

UNE PETITE FAUTE LYRIQUE

On nous dit que nous courons éperdument,
que nous nous précipitons à notre perte,
que même nos victoires seraient illusoires.
Mais nous ne serons jamais
les seuls animaux de la raison.
Notre émerveillement demeure
au-dessus de tout talus
que nous rêverons dune,
par-dessus le dogme ou l'injonction,
bien au-delà de ces heures perdues
que nous retrouverons demain.
Ce pouvoir de la métamorphose,
le possédons-nous vraiment ?
Ou serait-ce une petite faute lyrique ?
Que nous importe ce soir,
nous nous asseyons
pour regarder la mer.
C'est encore nous qui la réinventons.

EEN KLEIN LYRISCH GEBREK

Ze zeggen dat we ons te pletter rennen,
dat we onze ondergang tegemoet snellen,
dat zelfs onze zeges illusies zijn.
We zijn niet alleen maar
denkende dieren.
Onze verwondering zweeft
boven elke helling
die we dromen als duin,
boven elk dogma, elk gebod,
veel verder dan de verloren uren
die we morgen weer zullen vinden.
De gave van de metamorfose,
bezitten we haar wel?
Of is het een klein, lyrisch gebrek?
Wat maakt het uit, vanavond
gaan we zitten
en kijken naar de zee.
En wij, alweer wij vinden haar uit.

PAVANE POUR LE PASSANT QUI N'Y CROIT PLUS

Dis-moi, ce serait quoi, ta nuit ?
Que j'y entre par un interstice,
sans prononcer le mot lumière, rassure-toi,
et sans épuiser ton ardeur
à vivre à contre-jour, par bravade.
Tu végètes un peu dans ton été
et tu comptes bien tomber de toi-même
un peu plus tard, avec les feuilles d'automne.
En attendant, tu me ris au nez pour seule esquive.
Ta nuit, j'en ressens trop l'encre à distance,
le précis de lune, la candeur,
l'infinitésimal qui converse avec l'infini
dans la petite cour de tes heures perdues.
Dis-moi ta nuit, s'il te plaît,
que je ne la chante pas par erreur, à minuit,
au milieu de ce parc, au parvis d'un théâtre.
Demain, ne m'en veux pas, je te confierai encore
que, dans la blessure de tes mots,
même au gré de leur haussement d'épaules,
il demeure à mes yeux
cette magnifique et minuscule faille
qui n'est plus une fêlure,
mais un passage irrésolu vers la lueur.

PAVANE VOOR DE MISMOEDIGE PASSANT

Zeg 'ns, waaruit bestaat je nacht?
Laat me er binnen door een spleet
en wees gerust, het woord klaarte zeg ik niet,
noch zal ik je geestdrift bekoelen
om, dwars als je bent, in het tegenlicht te leven.
Je vegeteert in je zomer
en verwacht dat je later,
met de bladeren in de herfst, jezelf ontvallen zult.
Als enig verweer lach je me inmiddels vierkant uit.
Uit de verte voel ik de inkt van je nacht,
de kille maan, de onschuld,
het onmetelijk kleine dat met het oneindige praat
in het tuintje van je verloren tijd.
Vertel me je nacht, alsjeblieft,
zodat ik hem niet per abuis om middernacht
uitzing in dit park, op een theaterplein.
En neem me niet kwalijk, maar ik voeg eraan toe
dat in de wond van je woorden,
ook al halen ze de schouders op,
nog altijd
dat prachtige, nietige scheurtje zit
dat geen barst meer is
maar een aarzelende doorgang naar het licht.

Ostende-Eupen

(extraits / fragmenten)

Un train d'encre, sans frontière visible, un voyage et un partage pour dire l'autre au bord de son chemin…
Carl Norac n'écrit pas sa poésie chez lui, mais dans les cafés, sur les bancs et dans les moyens de transport. Plusieurs mois, il écrivit dans le métro de Paris des portraits qui, un an plus tard, se retrouvèrent exposés aux navetteurs dans toutes les rames parisiennes et aussi ensuite sur les murs du métro de Bruxelles. Mais son atelier des mots préféré demeure le train quand, dit-il, « la ligne du paysage devient la ligne de l'écriture ». Pour Europalia à l'automne et l'hiver 2022, il a pris plus de quinze fois, pour un aller-retour, la ligne Ostende-Eupen, la seule en Belgique qui traverse tout le pays, quatre régions, trois langues nationales, passe les frontières linguistiques sans qu'on les aperçoive ou qu'on le signale.
Il s'agit aussi littérairement de continuer ce projet commencé dès ses premiers écrits en Inde dans les années 80 : dire l'autre, la passante, le passant, la voyageuse, le voyageur, l'autre en paysage et tenter en quelque sorte de donner à voir, de « photographier » avec le langage. Voici quelques extraits pour débuter ce projet qui se continuera en 2022/2023 et deviendra ensuite un livre à part entière.

Een trein van inkt, zonder zichtbare grens, een reis en een gedeeld avontuur om de ander te beschrijven op zijn pad… Carl Norac schrijft zijn gedichten niet thuis, maar in cafés, op banken en in treinen en bussen. Hij schreef maanden aan één stuk portretten in de Parijse metro, die er een jaar later in de wagons werden opgehangen en ook een plekje kregen in de Brusselse metrostations. Maar zijn favoriete schrijfplek is de trein, wanneer 'de lijn van het landschap vervloeit met de geschreven lijn.' In de herfst en winter van 2021-2022 nam hij een vijftiental keer een retourtje Oostende-Eupen, de enige Belgische spoorlijn die de vier regio's en drie talen doorkruist, de taalgrens oversteekt zonder dat dat ergens wordt aangeduid. Het was ook een poging om het literaire project voort te zetten dat in de jaren 1980 aanving met zijn eerste Indische teksten: de ander, de passanten, de reizigsters en reizigers beschrijven in hun landschap, hen in woorden te vatten, hen als het ware te fotograferen met de taal. Dit project, waaruit hier een paar fragmenten volgen, zal in 2022-2023 worden voortgezet en zal een zelfstandig boek worden.

TROIS PORTRAITS POUR UN PREMIER ALLER-RETOUR

La dame en robe noire a de l'aube à revendre, elle nous la dessine ici, un ongle picorant la tablette devant elle, puis tout-à-coup lançant une main en l'air, tel un doigt d'honneur à l'ennui. La vie sera béante ou ne sera pas. « On va se hâter de vivre, mon bonhomme » : tout en elle nous dit ça. Son sourire s'étaye au coin des yeux. Ses iris évitent un mot de trop. L'éther du monde est loin, l'instant sent bon. Sa façon d'envoyer balader le futur guérit tout passé de contrebande. « Vous flamboyez, madame » a-t-on envie de lui dire, espiègle, comme en revers des visages un peu fermés dans la voiture du train ou juste en retrait d'un si mince miracle. Mais je me tais, aussi droit sur mon siège que son cou à elle, axe sûr qu'aucun rêve ou soubresaut ne troublera, sinon pour signifier qu'elle sera vivante où qu'elle aille, où qu'elle fugue ou se perde.

Plus d'une heure entre ses doigts, elle tricote le vide, une pensée lissant son front, les yeux fixes, comme de verre. S'absenter. Chaque ressort de la nuit dernière semble en elle encore tourner à vide. Les gares défilent dans la pluie de novembre, Liège est encore loin, elle est ailleurs. Le temps lui-même perdra ses rouages si, dans sa course, il veut la poursuivre. Se levant pour prendre un objet dans son sac, et comme se libérant soudain du poids de tant de minutes entassées, voilà que, contre toute attente, elle se met à fredonner un air, une mélodie légère, telle surgie

DRIE PORTRETTEN BIJ EEN EERSTE HEEN-EN-TERUGREIS

De dame in zwarte jurk loopt te koop met dageraad, hier schetst ze de ochtend, terwijl ze tokkelt op haar tablet, opeens een hand heft, als een middelvinger die ze uitsteekt naar de verveling. Het leven zal weids zijn of het zal niet zijn. 'We kunnen niet snel genoeg leven, beste man,' alles in haar zegt dat. Haar glimlach sprankelt bij haar ooghoeken. Haar irissen vermijden elk overtollig woord. De dampkring van de wereld ligt in de verte, het ogenblik heeft een aangename geur. Hoe ze de toekomst wandelen stuurt, elk verleden van sluikhandel geneest. 'U fonkelt, mevrouw,' heb je zin om haar te zeggen, grappend, als tegenbeeld van de wat gesloten gezichten in de wagon of ietwat opzij van een zo broos wonder. Maar ik zwijg, kaarsrecht op mijn stoel zoals haar hals, veilige as die door geen enkele droom of schok uit balans wordt gebracht, die alleen zegt dat ze gretig zal leven, waar ze ook naartoe reist, vlucht of verdwaalt.

Al meer dan een uur breit ze leegte tussen haar vingers, een gedachte wrijft haar voorhoofd glad, starre ogen, als van glas. Verdwijnen. Elke veer van de voorbije nacht lijkt in haar nog in het ijle te draaien. De stations volgen elkaar op in de novemberregen, Luik is nog ver, ze bevindt zich elders. Zelfs de tijd ontspoort hier, als zijn voortgang haar wil achtervolgen. Ze staat op om iets uit haar tas te pakken, en alsof ze opeens bevrijd wordt van het gewicht van zoveel opgestapelde minuten, begint ze

d'une enfance, escale imprévue, le temps d'un souffle ou deux. Ensuite, elle se rassied et, en ses mains nouées, elle reprend lentement le tissage de son silence.

Ce monsieur de haute taille, assis en i plutôt majuscule et front en page blanche, s'est bien tapi en lui, rien ne dépasse. Cheveux impeccables, idem pour la chemise, blanche à la semblance du lait. Son voisin ami lui dit : « Ah oui, c'est bien, ce que tu as fait ». Il répète cette phrase deux fois. L'autre cligne des yeux avec modestie. Tout en lui est révérence. Ce monsieur est un grand monsieur, on le devine. Il va son chemin sans flatter ce qui s'agite. Il n'épand rien, en son langage, qui ne soit à fleur de terre, pour germer aussitôt. On lui souhaitera seulement parfois un grain de folie passagère.

opeens, geheel onverwacht, een deuntje te neuriën, een lichte melodie, oprijzend uit een kindertijd lijkt het wel, onvoorziene halte, een paar ademhalingen lang. Daarna gaat ze weer zitten en met haar verstrengelde handen begint ze langzaam opnieuw haar stilte te weven.

Zoals de hoofdletter I en met een voorhoofd als witte bladzijde zit de lange heer goed in zichzelf verscholen, nergens iets wat uitsteekt. Onberispelijk kapsel, idem dito het hemd, van een wit dat naar melk neigt. Naast hem zegt zijn vriend: 'Ja, het is goed wat je hebt gedaan.' Hij herhaalt de zin tweemaal. De ander knippert bescheiden met zijn ogen. Alles in hem straalt eerbiedwaardigheid uit. De heer is een grote meneer, dat raad je zo. Hij volgt zijn pad zonder wat zich roert naar de mond te praten. Hij — zijn taal — verspreidt niets wat niet rakelings over de aarde scheert en onmiddellijk ontkiemt. Ik wens hem alleen zo nu en dan een korrel voorbijgaande gekte toe.

TRANSPARENCE

Assis sur un banc de la gare de Bruges, près du panneau des horaires,
un enfant regarde le monde dans un verre d'eau. Il semble fasciné par cette absolue transparence. Rien d'autre ne l'intéresse, ni du mouvement des départs, ni de l'élan des retours. Un doute y flotte cependant, une salissure, à droite dans son verre, comme une cendre du passé. Le gamin l'enlève avec l'ongle tout en continuant à se parler à lui-même, à chercher la merveille en un reflet. Le soir peut courir vers les autres. Le bruit des conversations, le cri des écoliers fourbus appellent une chanson douce, si peu sauvage. Lui demeure ailleurs et chuchote. À cet instant précis, un rêve puissant s'instille, qui s'étend de l'œil de l'enfant jusqu'à l'objet qu'il regarde. Il se définit, mince utopie de passage, par des mots qui, enfin, se poseront dans une main sans n'être que vapeur ou simple discours. « J'emmerde les vendeurs de futurs, les marchands de frontières », semble dire le môme en riant, vidant son verre, l'air moqueur, tandis que sa mère, soudain pressée, range son sac. Tous deux filent vers le quai. Et cette minute-là, perchée sur l'aiguille d'une horloge de la gare, est bien plus importante à mes yeux que les heures de celles et de ceux qui accrochent aux rails de longues certitudes pour ensuite n'aller nulle part.

TRANSPARANTIE

In het station van Brugge zit een kind op een bank onder het bord met de dienstregeling. Door een glas water kijkt het naar de wereld. Het lijkt gefascineerd door die absolute transparantie. Niets anders wekt zijn belangstelling, de beweging bij het vertrek noch de drukte van de terugkeer. Toch zweeft ergens een zweempje twijfel, een beetje vuil, rechts in zijn glas, als as uit het verleden. Het joch krabt het weg met zijn nagel en blijft in zichzelf praten, op zoek naar het wonder in een weerspiegeling. Laat de avond maar naar de anderen rushen. Het rumoer van de gesprekken, de kreten van de afgematte scholieren vergen een teder lied, lang niet wild. Het kind zelf is elders en fluistert. Op dat precieze moment druppelt een krachtige droom binnen, hij spreidt zich uit van het oog van het kind tot het voorwerp waar het naar kijkt. Hij bestaat — nietige, vluchtige utopie — uit woorden die eindelijk in een hand zullen vallen zonder slechts damp of zomaar een praatje te zijn. ‘Ik heb lak aan verkopers van toekomst, aan handelaars in grenzen,’ lijkt het joch te zeggen, spotlachend terwijl het zijn glas uitdrinkt en zijn opeens haastige moeder haar handtas dichtklapt. Samen reppen ze zich naar het perron. En die minuut, aangeduid door de wijzer van een stationsklok, is in mijn ogen belangrijker dan de uren van wie hun zekerheden aan de sporen vasthaken om vervolgens nergens naartoe te gaan.

LOIN DES APPARENCES...

Ses yeux dans un seul regard font des boucles.
Elle encercle une pensée, puis l'irradie. Le temps est un papier froissé posé sur la tablette, mais sans négligence. Il oscille doucement, tel un poing fermé qu'un pouce hésite à déployer. La dame aux cheveux noirs est dans ce train, physiquement, va quelque part, jusqu'à Eupen sans doute. Elle tend son billet au contrôleur, civilement, mais celui qui la rattrapera dans ses songes à elle, jusqu'à ce sourire léger comme un trait de khôl, ce n'est ni moi, ni ces mots en simple silhouette ou pirouette, ni quiconque alentour. Deux personnes devant elle à l'instant émiettent un pain, mais ses deux iris verts, tournoyants, recomposent loin des apparences, dans un point précis de l'espace connu d'elle seule, l'univers entier.

VOORBIJ ELKE SCHIJN...

Haar ogen vormen krullen in één enkele blik. Elke krul omringt een gedachte, geeft haar glans. De tijd is een stuk verfrommeld papier dat op een tafeltje werd gelegd, maar niet onachtzaam. Hij trilt zachtjes, als een gesloten vuist waarvan de duim aarzelt die open te vouwen. De zwartharige dame zit in de trein, fysiek aanwezig, ze rijdt ergens naartoe, naar Eupen wellicht. Beleefd reikt ze de controleur haar kaartje aan, maar noch ik, noch dit simpele silhouet of deze pirouette van woorden, noch enige reiziger in onze buurt zal haar in haar dromen inhalen, haar glimlach bereiken die licht is als een streep khol. De twee die voor haar zitten, verkruimelen een brood, maar met haar twee groene, beweeglijke irissen stelt zij, voorbij elke schijn, in een precies punt van de ruimte dat zij alleen kent, het heelal opnieuw samen.

UN VISAGE DE CIRCONSTANCE

Son masque bleu remonte, descend sur un menton presque pansu, au gré des pensées. Ce visage déjà seul ne tient pas en place : les lèvres tentent d'enjamber on ne sait quelle langue inconstante. Une nuque cachée nous apparaît tout commander, nerveuse, depuis un col roulé aux lignes franches. Tempes si droites qu'on les croirait estampillées. Mais ensuite, il y a cette main qui pianote dans l'air, semble-t-il depuis sa naissance, souvenir peut-être d'une première flexion des doigts de ce monsieur à la minute fatale du froid de la naissance, hors du foyer. Les sourcils arquent un doute majeur, le répètent. Cela ne suffit pas pour apaiser le balancement. Il faut que le masque bleu monte, redescende, et cette loi prévaudra jusqu'à Bruxelles, ses trois gares. Il importe que le masque capte chaque mouvement de l'air, attrape tout, à distance, filet à viral papillon, en polymère, polypropylène, toute impolitesse ou *toussoterie* ainsi expulsée, expugnée.
Un monsieur, en face, posant son journal sur les genoux, commente pour lui l'actualité. L'autre opine du chef, le doigt sur les élastiques. Mais rêve-t-il parfois, en son mouvement, de l'arracher, ce masque ? D'être hors-la-loi un instant pour sortir du seul dogme des voyages immobiles, de la peur atteignant la bile, oser sacrer la seconde où qu'elle s'en aille, parle, réponde, se répande ? Ou que la parole, au gré d'une phrase qui se penserait enfin en défaut d'alignement, soit pour son visage, un moment, la seule circonstance.

EEN OMSTANDIGHEIDSGEZICHT

Zijn blauwe masker rijst, daalt over een haast paffige kin, op het ritme van zijn gedachten. Zijn zo al eenzame gezicht staat niet stil: zijn lippen proberen wie weet welke rusteloze tong te omsluiten. Een verborgen nek schijnt alles te bevelen, nerveus, vanuit een strakke rolkraag. Slapen zo recht dat ze wel gestempeld lijken. Maar dan is er die hand die tokkelt in de lucht, ogenschijnlijk sinds zijn geboorte, misschien een herinnering aan de eerste keer dat de heer zijn vingers boog op het fatale, kille moment van zijn geboorte, buitenshuis. Zijn wenkbrauwen gefronst boven een belangrijke twijfeling, die ze herhalen. Het volstaat niet het schommelen te bedaren. Het blauwe masker moet rijzen, dalen, en die wet heerst tot Brussel, de drie stations. Het masker moet elke beweging van de lucht vatten, alles vangen, vanaf een afstand, vangnet voor een virale vlinder, in polymeer, polypropyleen, zodat iedere onwellevendheid, iedere hoestbui wordt verdreven, verbannen.
Tegenover hem legt een heer zijn krant op de knieën, levert commentaar bij de actualiteit.
De ander knikt, houdt zijn vinger op het elastiek. Droomt hij er dan van zijn masker in één beweging af te rukken? Even een outlaw te zijn om te ontsnappen aan het dogma van de roerloze reis, van de angst die hem om het hart slaat, het moment te vieren waarop die verdwijnt, praat, antwoordt, zich verspreidt? Of dat het woord, op het ritme van een zin die bij gebrek aan een vaste volgorde eindelijk zichzelf zou denken, voor zijn gezicht, heel even, de enige omstandigheid zou zijn.

PREMIER TRAIN

Ciel jaune, tôt ce matin, puis se hissant vers un rien de lait, ou la couleur d'un navet tranché sur ces campagnes encore endormies en apparence. Maisons de sucre rouge qui semblent fondre sous la première brume légèrement acide. Des files d'autoroute, fourmillement bref, puis tant d'églises en approchant Bruges. Maisons trop apprêtées pour ce bal de l'orée du jour, sapins qui paraissent sortir de chez le coiffeur. Un manque absolu de désordre, où est la vie telle qu'elle devrait s'égarer en soi avant le quai ? Un homme y monte, veston ceint d'un drapeau national et portant un énorme bombardon. L'instrument, encombrant, semble s'excuser de lui-même, chuchotement métallique en heurt sur le coin des fauteuils. Alors le voilà, ce léger chaos que j'attendais, ce rire de fanfare un dimanche en ces faubourgs trop sages, où l'on gravit son sort, vers Dieu, à petits pas d'escaliers.
Né à deux pas, Hôpital Saint-Jean, par césarienne, Hugo Claus m'avait dit : « J'adore notre Belgique bordélique, cette bonne dose d'adrénaline. » Le bombardon, instable, pareil à un éléphant ne sachant où s'asseoir, me parle de cela, avec ces gens qui rient dans la voiture, commentent, miment le geste de souffler tandis que le musicien reste de marbre, port de tête poli, aussi fier qu'une partition.
À l'approche de Gent Saint Pieters, sans mot jeté ou asséné ou tombé là, soudain je me sens chez moi en l'autre langue.

EERSTE TREIN

Vroeg in de ochtend, gele lucht die daarna naar melkwit zweemt, of de kleur krijgt van een afgehakte raap op het ogenschijnlijk nog slapende platteland. Huizen van rode suiker die smelten onder de eerste, wat zurige nevel. Slierten snelwegen, kort gekrioel, daarna de vele kerken bij het naderen van Brugge. Overdreven opgedirkte huizen voor dit bal van de dageraad, sparren die net bij de kapper buiten lijken te komen. Een volslagen gebrek aan wanorde, waar is het leven dat voor het perron in zichzelf hoort te verdwalen? Een man met een enorme bombardon stapt in, zijn jasje omgord met de nationale driekleur. Het onhandige instrument lijkt zich spontaan te excuseren, metalig gefluister dat tegen de banken botst. Daar is ie dan, de lichte chaos waarop ik wachtte, de lach van een fanfare op zondag in een te brave voorstad, waar je je lot stapje voor stapje beklimt, op een trap naar God. Hugo Claus werd vlakbij met een keizersnede geboren, in het Sint-Jansziekenhuis. Ooit zei hij me: 'Ik hou van ons rommelige, Belgische landje, zijn stevige dosis adrenaline.' De wankele bombardon, als een olifant die niet weet waar hij moet gaan zitten, vertelt me daarover, en al die lui in de wagon, die lachen, commentaar leveren, doen alsof ze blazen, terwijl de muzikant onbewogen blijft, zijn hoofd in een hoffelijke houding, trots als een partituur. Bij het naderen van Gent-Sint-Pieters, zonder dat er enig woord werd gesproken, uitgebracht of gerept, voel ik me opeens thuis in de andere taal.

UN AUTRE PASSANT

Nous attendons l'hiver sans que l'automne ne saigne à l'horizon ou ne soulève les feuilles pour attirer une dernière fois notre attention. Entre deux gares, après un court silence, nous éparpillons dans l'air quelques soupirs qui jouaient aux copeaux sur notre langue, puis les mots s'ouvrent, sans plus rien à trancher. Nous voilà à converser avec des inconnues, des inconnus tout en voyant défiler des paysages comme prêts à se feuilleter seuls, à devenir pourpres sans l'aide de la brume ou du couchant. Nous n'avons plus besoin d'oracles ou de visions à présent. Nos paroles échangées dessinent un monde soudain à notre mesure. Le temps ne nous oppresse plus depuis ce train, ni pour s'alourdir de nuits, ni pour flamber au plus rouge comme à l'aurore. L'hiver approche, certes, mais comme un ami longtemps perdu de vue. Il vient sans prétendre être aujourd'hui ce coureur de fond au souffle glacé, qui bouscule. Tandis que nous ajustons nos écharpes, l'hiver, cet autre passant, nous rejoint sur le quai. Et nous le saluons, tant il est vrai qu'en ce monde qui vacille, il est si rassurant pour nous que les saisons se suivent encore sans désordre, sans droit de passage, sans courbes, ni vagues, ni annonces.

EEN ANDERE PASSANT

We wachten op de winter hoewel de herfst nog niet aan de einder bloedt of de blaadjes op laat waaien om een laatste maal de aandacht te trekken. Tussen twee haltes in zaaien we na een korte stilte wat zuchten uit als flinters op de tong, daarna gaan de woorden open, die niets meer aan stukken hoeven te houwen.
We knopen een gesprek aan met onbekenden terwijl we het landschap voorbij zien stromen, dat zich in zijn eentje doorbladeren wil, naar paars neigt zonder hulp van nevel of ondergaande zon. We behoeven geen orakels of visioenen meer. De uitgewisselde woorden laten opeens een wereld oprijzen, op onze maat. Vanuit de trein houdt de tijd op ons te bezwaren, hij laat de nacht niet langer op ons wegen, hij zal niet rood vlammen als bij dageraad. De winter komt dichterbij, jawel, maar als een vriend die je sinds lang uit het oog had verloren. Hij komt, zonder zich voor te doen als afstandsrenner met bevroren adem, die je naar de zijkant duwt. Terwijl we onze sjaal omslaan, komt ook de winter, die andere passant, naast ons staan op het perron. En wij begroeten hem, want in een wankelende wereld stelt zijn aanwezigheid ons gerust, die de seizoenen nog steeds verwelkomen in hun gewone orde, zonder recht van doorgang, zonder bochten, golven of berichten.

BAGAGERIES D'UN BAVARD

Il cause, il cause : l'avenir est défini par sa parole, ou bien il n'existe pas. Attention, impudents, méfiez-vous, ce passager par son discours incessant veut vous faire peur, crocs pour mots. C'est ainsi, dogme contre le dogme, et plus qu'entre deux gares : nul échappera à la conversation de Monsieur Grand Ego, à son discours sur le covid, sur les abcès du monde. Il évoque à l'envi son confinement ancien, maux de dos lui ayant donné une révélation, affres du télétravail, bilan soudain joyeux de son entreprise, étrange récit qui fait des nœuds. Il prend un accent du bout du nez, cite un philosophe, affirme qu'en ce monde décevant, il ne fait plus confiance qu'aux réprouvés qui dorment dans la rue. Puis se calant sur la banquette, position parfaite du coccyx, mais cravate oscillant franchement à droite, il précise lèvres plissées qu'il n'est pas dupe de leur façon de se bousculer entre eux pour avoir la meilleure place ou leur insistance à mendier. Sa femme à côté soupire, fataliste, patiente. C'est peut-être un paon gentil, après tout, son mari, avec ses mots crus par ennui. Et surtout qu'il est beau, cet enfant qui dort tout contre elle, sans aucune nécessité de luire.

BAGAGE VAN EEN KLETSKOUS

Hij kwekt en kwebbelt er op los: zijn woord bepaalt
de toekomst, of ze zal niet zijn. Opgelet, brave lieden,
met zijn eindeloos betoog wil hij u angst aanjagen, met
woorden die wel kunnen moorden. Want zo is het maar
net: dogma tegen dogma, en tussen twee haltes in kan
niemand ontkomen aan het discours van Mister Big Ego,
aan zijn speech over corona, over de plagen op aarde.
Hij houdt niet op over de voorbije lockdown, over zijn
rugkwaal die hem een openbaring bracht, over de hel
van het telewerken, de opeens positieve balans van zijn
onderneming, een vreemd verhaal vol rare kronkels.
Hij praat geaffecteerd door zijn neus, citeert een filosoof,
beweert dat hij niemand meer vertrouwt op deze treurige
aarde, behalve dan de arme drommels die op straat
overnachten. Dan duwt hij zijn rug tegen de bank,
kaarsrecht op zijn stuitbeen, terwijl zijn stropdas duidelijk
naar rechts overhelt, en met getuite lippen sneert hij dat
hij wel weet hoe ze elkaar verdringen voor de beste plaats
of hoe ze je met hun gebedel bestoken. Naast hem slaakt
zijn vrouw, één en al fatalisme en geduld, een zucht.
Misschien is haar man in se een onschuldig haantje, spuit
hij zijn ruwe woorden enkel uit verveling. Maar hoe mooi
het kind dat naast haar slaapt, geen enkele behoefte heeft
om op te vallen.

MÉLODIE D'UN TAISEUX

Il ne dira pas un mot, même à son prétendu copain en face. Il met sa musique, sans casque, tonitruante. Puis il jette ses pieds en avant sur le fauteuil, provoque, toise au hasard. Il se croit flamboyant, dur, roc guéri de toutes les anciennes peurs. Entre Gand et Ostende, son silence initie un duel constant avec les gens, une façon d'aiguiser son regard comme la lame d'un couteau. Mais ce qu'il écoute et impose à toute la voiture, c'est un rap assez doux, ponctué de voix d'enfants répétant un semblant de comptine, rythme abrasif, mais pour narrer cependant un flot de sucre. Et soudain, observant ce grand jeune homme, je discerne, au gré de la mélodie, cet enfant au fond de lui qui craint de ne plus être espiègle, qui remue sur son siège à force de se chercher une place en ce monde ou au moins le début d'une parole pour ne plus tomber.

MELODIE VAN EEN ZWIJGER

Hij zegt geen woord, ook niet aan de zogezegde makker tegenover hem. Hij zet zijn muziek aan, zonder hoofdtelefoon, loeihard. Daarna gooit hij zijn voeten op de bank, provoceert, kijkt willekeurig in het rond. Hij vindt zichzelf een hele bink, flamboyant, stoer, een rots bevrijd van alle oude angsten. Tussen Gent en Oostende laat zijn stilte almaar een duel oplaaien met de mensen in zijn buurt, waarbij zijn blik gewet is als een lemmet. Maar de song die hij beluistert, waaraan niemand kan ontkomen, een vrij zachte rap, geritmeerd met kinderstemmen die een soort aftelrijmpje opdreunen, knarsend tempo, maar al met al een stroperige tekst. En terwijl ik de jongeman gadesla, zie ik opeens het kind dat in hem schuilt, vreest dat het niet meer guitig is en op zijn stoel wriemelt om zijn plaats te zoeken in de wereld of hoe dan ook het begin van een woord te vinden dat hem belet opnieuw te vallen.

LES PAROIS

Dans le train, parfois, nous quittons nos parois.
Nous ne prétendons pas fuguer, à cette allure.
Mais nous effleurons en songe quelques recoins ou détours de notre existence au gré de paysages qui oscillent, entre campagnes et cités, affluence et dénuement.
Lentement, nous délaissons les conversations de seuils, ou d'autres efforts censés découdre l'heure. Dehors, l'automne entonne, ce midi, une chanson moins sourde, plus intime au lointain des landes, des arbres et leur fourmillement, avec cette menue volupté de l'horizon que nous avons si souvent dispersée. Aujourd'hui, je vois les voyageuses, les voyageurs se laisser emmener par des pensées qui n'ont nul besoin d'être explicitées, sans épanchement, en un mouvement plus secrètement organique, débarrassé soudain de l'horlogerie même des grands espaces ou, au plus près, du grincement des rails. Bien qu'assis, toutes et tous demeurent passantes, passants.
Cependant, quelqu'une ou quelqu'un plus encore s'éloigne, se mue en ombre blanche, en cet ailleurs si impromptu, sans pose ni théorie. Quelqu'une ou quelqu'un, dans ce train, d'un regard ou d'un geste, s'écarte pour le seul goût de s'absenter hors de toute dimension.
Il ne s'agit plus du souci d'incarner une image pour les autres, ou bien du vœu de ne ressembler à personne, mais seulement en soi, pour un moment, de quitter lentement ses parois.

DE WANDEN

In de trein verlaten we soms onze wanden.
Niet dat we in volle vaart op de vlucht willen slaan.
Maar in dromen verzonken strijken we langs verborgen
hoeken en kanten van ons bestaan, op het ritme van het
trillende landschap, tussen platteland en steden, toevloed
en schaarste.
Langzaam laten we de gesprekken over drempels varen,
of onze andere pogingen om de tijd los te tornen. Buiten
heft de herfst vanmiddag een minder dof lied aan, beter
vertrouwd met de verte van de heide, de bomen en hun
wemelend leven, met de nietige vreugde van de einders
die we zo vaak uiteen hebben gedreven.
Vandaag zie ik hoe alle passagiers zich laten meevoeren
door gedachten die niet verduidelijkt hoeven te worden,
zonder ontboezemingen, in een geheime, organische
beweging, opeens bevrijd van het klokwerk van de open
ruimte of, vlakbij, van het knarsen van de rails.
Hoewel we hier zitten, zijn we passanten. Inmiddels
verdwijnt iemand nog meer, wordt witte schaduw, een zo
onverwacht elders zonder pose of theorie. Iemand in deze
trein trekt zich terug, met een blik of gebaar, alleen voor
het plezier uit elke dimensie te verdwijnen.
Het gaat er niet langer om bij de anderen een beeld op
te wekken het gaat niet meer om de wens op niemand
anders te lijken, maar om vanbinnen, heel even,
langzaam, je wanden te verlaten.

À l'envers

Tu crois posséder, tu n'as rien.
Tu crois avancer, tu n'as pas bougé.
Tu crois appartenir, tu échappes.
Tu crois habiter, tu traverses.
Tu crois finir, tu commences.

Liliane Wouters

TANT DE NUITS À PERDRE

Sur des photographies d'Anne-Sophie Costenoble
Expositions en Hainaut en 2021

Nous avions tant de nuits à perdre entre quelques lueurs.
Plusieurs chiens dans notre cœur aboyaient encore.
L'aube figurait une ombre portée. Le ciel salivait du noir.
Il demeurait dans la maison tant de mort imminente
que nos corps déguisés l'un en l'autre rougeoyaient.

L'hiver avait déjà un peu de printemps sur les lèvres.
Nous étions sans paroles.
Nous écrivions un journal de gestes
que la pluie viendrait prendre, si patiemment
qu'on pourrait y lire, dans la boue, quelques lettres.

Le ciel est tombé deux fois cette nuit.
Je caresse mon ombre de rechange.
J'avais envie de t'écrire une lettre nue,
sortir de cette autre enveloppe de jour
et te parler d'amour, vent debout, à l'instant
où ce ciel sans tes yeux une troisième fois vacille.

Ton image, elle avance sans épuiser les paysages,
elle les respire seulement.
Elle figure sans s'y fondre ce point de lumière
qui s'accommode d'une ombre et d'un feu.
Elle ressemble soudain à ce mot oublié
qui reviendrait par les bois nu et sans taches.

Nous aimions serpenter entre les âges, franchir des lignes.
Nous prenions le temps en traître en feignant une fuite.
Sous notre peau, l'aube se retournait comme un lièvre.
Puis, quelques regards, aux rebords voraces, dévoraient
l'ordonnance des jours, puis nous laissaient sans habitude.

Nous pleurons comme on retrousse ses manches,
lentement, avec la discrétion d'un arbre dans l'eau.
Nos larmes elles-mêmes deviennent alors des instants
posés sur d'autres instants dissemblables.
Lorsque nous nous éteignons, deux doigts mouillés
sur une mèche prétendent *rallumer les étoiles.*

Quelques extraits de journaux intimes (hiver 2021)

ÉTAT DES LIEUX

Perdre corps, pas âme. Perdre corps, pas pied, ni hanche,
ni apparats, abats, débats de l'être, autres os, tendons,
cartilages.
Faire pli sans se tordre, ni mordre,
montrer patte noire sous la terre, chanter si nécessaire.
Ne pas forcer, puisqu'on est un verrou.
Mâcher son frein, accélérer l'encre cependant.
Se planter dans une étoile arrogante, filer doux.
Neiger à petits pas. Perdre le fil, non l'âme.
Épingler un serment encore chaud.
Définir ce qui fuit à la vitesse du langage.
Nager à contre-noyade, maladroit papillon.
Frotter l'écume, puis flotter.
Perdre, puisqu'il faut perdre.
Gagner encore un jour, une nuit, une étreinte.
Sans hasard, ne jamais s'excuser du trop, du peu.
Jouer feu.
Faire tomber rideaux de velours rouge, pâmoisons, oracles.
Déserter une aorte, meilleur flux, ne rien appesantir.
Mordre un instant juste avant qu'il ne saigne.
Faire jour en anuitant le reste.
Revêtir l'éternité, heure par heure,
sans en tailler ni taillader épaules, ourlets,
laines, douleurs, doublures.
S'ébattre pour ne plus tomber,
faire chute de tout moi.
Bomber l'écorce. Sève au sang.
Perdre corps un moment, pas l'âme prétendue.

S'asseoir sur sa tête nue,
front mieux lissé, débosselé.
Caresser une tempe,
et ne plus songer, jamais ouïr mensonges.
Mordre la poussière sans que ce soit à proprement parler.
Faire ou taire silence, selon le filigrane de la langue.
Creuser l'ombre alors, lui trouver des airs d'orée, de clairière,
enfin loger en soi sans se prétendre habité,
sinon d'amour.

MÊME EN NOUS LIVRANT

Nous livrons nos cœurs parfois dans des cours
où des chiens aboient.
Nous travaillons pourtant nos mélodies.
Notre chanson ne luira pas, ou bien comme une lame.
Mais nous pensons toujours pouvoir
épouser des formes même fugitives.
Il apparaît que, sans être perdus,
ni désignés par une autre opprobre du ciel,
nous posons nos cœurs sur des pierres
qui leur ressemblent.
Notre façon d'aimer, autrefois désinvolte,
vient se donner à mordre ou à lécher
dans des cours où les chiens aboient encore
l'ordre du monde
et ses menus éblouissements.
Alors, nous cherchons ailleurs en nous
de quoi tomber de l'autre côté d'un miroir,
mais nos yeux de papier, trop souvent,
même en tournant la page,
nous y poursuivent encore.

BREAKING BAD

Tu passes le printemps à écrémer ton écran d'images.
Tes chemins, même en ville, ont la gueule de bois.
Tu ris d'un rien, pourvu que ce ne soit pas sûr,
que ça tangue pour fuir. Tu détailles l'architecture
des maisons du quartier alors que la texture de ton âme,
tu n'en as plus rien à battre.
Tu fais florès, tu souris animalement,
civilement, mais tes soirs grincent.
Tu épingles un songe et c'est un autre qui saigne.
Ton absence de plainte
devient la rengaine de n'être plus sur la route.
Tu tires la corde de tes mots,
tu tords, tu bordes l'instant de gifler une phrase,
de sarcler une poussière qui fleurisse un peu.
La distance devient une loi, la chimie des peaux une prise.
Dès lors, poing tendu, tu manges dans la main
d'un matin ôté de toi par bravade.
Comme sur un fil, tu marches aux allants d'une nuit
qui peine à jouir de cet avril,
de la saine porosité des êtres
ou de ces gestes autrefois inventés
pour s'étreindre, puis déserter de tout,
sauf de son souffle.

TOUT BAS

Tout bas parmi les choses à naître,
coin de peau à défaut de ciel,
moindre urgence à fuir,
ce calice de rien,
ce rire d'avoir songé aux épousailles
déjà mortes en nos galeries.
Ensuite, amour, notre débat des organes
pour ourdir le discours de moins,
l'écho de trop, la démesure retrouvée,
cet essor de la phrase qui se tord en pure perte.
Ou ce souci d'une incise même minuscule
dans le corps de la langue, un éclat
faisant sens, indécence à la fois,
charbon encore rougeoyant.
Tout bas parmi les choses à naître,
un corps, simple murmure qui forme un cri
sans fatuité de son, serment aiguisé,
lame de fond.
Et oui juste après,
ce mot que l'on croyait perdu,
fendu, la gueule ouverte,
mais qui chante encore.

UN ESSOR

J'ai fait un paquet avec les nuits à revendre,
les ersatz de sommeil, ces brillances où minuit
fond avec lustres, bougies, tempérances.
Puis là, le crépuscule s'émiettant enfin,
mie noire où notre âme ajourée se mire
par inadvertance, je trouve si joyeuse consolation,
sache-le, ange et amie.
L'amour est à présent comme une chemise
posée sur une chaise, et qui ne sèche pas.
Ma peau fera le reste. Peut-être.
Tu le sais, j'attends parfois l'aube avec la mine
de celui qui arpente un quai de gare.
Mais je ne traîne plus ce paquet de nuits à revendre.
Et peu m'importe qui voudra
de la menue monnaie des ombres que j'abandonne,
ou qui les fourbira, dans un jour à peine blessé,
vers la cour encore grisée de plus infimes miracles.

AVANT L'AUTOMNE

Laissons le pli du temps
s'ébrouer au vent de septembre.
Ne coupons rien de l'instant, de l'heure,
sinon un peu de son âcreté.
Il s'agit d'exister, nous dit-on.
Nous en rions encore.
Que sommes-nous, sinon ces animaux
dotés de parole et qui explorent,
du silence, ce qui ne serait pas
ordonnance ou pâmoison ?
L'envie de jouir intime le i ce matin,
et nous emmerdons tout l'alphabet,
sans la moindre amertume
dans le vent de septembre.

MANIÈRE DE TISSER

Embrasser une main, rêve-t-il, chair ambrée sur nuit froide.
L'hiver est si présent que la neige gagne le blanc des yeux.
Même l'iris bleu se révèle laiteux à son tour.
Devant nous se meurt un dimanche sans objet.
Nous n'avons plus d'ombre à entrelacer.
Elle devient ce sucre
répandu sur le square ou ce poème dont le revers
se découvre, un court instant,
cousu par la lumière.

UN MOUVEMENT

Tu n'es plus dans l'ombre de ton corps.
Tu foudroies cette attente.
Ce qui est clairsemé ne touche plus
tes paysages singuliers.
Tu fais cœur. Tu n'es plus cet atour
qui fait allégeance, ni son envers.
Tu ne vaques plus à l'infini tant le présent
n'occulte rien. Tu grésilles encore,
mais cela ne figure pas une chanson ancienne.
Tu ne lettres plus tes songes,
tu n'en comptes plus les abats,
tu ne déplies plus rien des mots.
Une épaule, puis danser.
Ne plus tancer le peu de prodiges,
ni faire plis, longs, courts,
vivre au plus corps
sans rien arracher de l'aube,
où qu'elle saigne et se ploie.

UN REFLET

Il avait parfois le soir un mot sur le miroir.
Cela le gênait car les mots, il les cherchait derrière le tain.
Il faut traquer les ombres, sans renoncer à leur tanin,
à leur poussière, hors d'un aveuglement.
Seulement, il y avait ces quelques lettres de buée,
indépendantes de son souffle ou de la torpeur
d'un soir d'été qui s'époumone où il peut.
Ce mot n'était pas un accident de l'iris ou un événement fortuit.
Une nuit sur deux, il demeurait, pénombre de lui-même,
tel tracé d'un ongle ou largué d'une langue qui n'en démord pas.
Ce n'était pas un prénom de femme, plutôt cette fois une ardeur
qui n'a pas besoin d'être déchiffrée.
Rien de secret, de fidèle, d'un sésame,
simplement un mot tombé avec le jour.
Tombé comme ce poème
qui n'est plus seulement flux ou quête,
mais cet instant posé quelques centimètres hors du néant
et qui attend qu'on s'en empare.

UNE ADRESSE

Ce n'est pas la porte à côté, une âme.
Il va falloir souquer ferme, de la mer intérieure,
pas seulement aligner quelques ombres sur un papier.
Ce n'est pas la porte à côté, une enfance,
sauf que, parfois, on la voit sur le seuil,
les pieds juste ensablés, les yeux presque impassibles.
Ah cette façon de tirailler qui ramène ainsi
à la première jeunesse désordonnée,
aux éclats de cailloux contre les vitres de l'ordre,
aussi bien aux ricochets sur la rivière.
Et aujourd'hui ? Peau d'homme, refrain d'adulte,
denier du culte de la peau, corps perdu
ou éperdu parfois à l'encontre du poème,
son doigt d'honneur, sa bouche versatile,
son espièglerie au coin d'une phrase
ou enfin cette noix de néant joyeux
qui prend forme avant le chaos suivant.
Alors, se dire où, te dire quoi :
qui suis-je devant toi, sans rien hanter alentour ?
Quelqu'un qui trace, plutôt qu'encore mourir d'amour.
L'avenir ce soir est seulement un instant qui s'allonge
sans plus prétendre au paysage.
Mon corps aujourd'hui moins défendant,
je m'en vais sur la digue savourer
cette tombée de la nuit dont je ne connais
ni le nom, ni la lueur, mais qui te ressemble.

UN REVERS

Je fais confiance à tes yeux clos.
Tu me regardes comme on sort du champ des possibles,
mais ce refrain qui traîne derrière toi
quand tu t'éloignes n'est pas trop poli pour être honnête.
Il s'agit d'un désir qui vient,
aigu sans qu'on l'exauce,
un baiser sans la ponctuation des lèvres,
un aveu que je prends à pleine bouche,
un éclat de nous plus haut que la voix
et dont la chanson est encore assourdie,
telle sortie d'un long hivernage des sens.
Je fais confiance à tes yeux clos,
à tes semaisons de secondes sans sommeil,
à ta faconde d'exister où les autres ne posent
que des bombes ou des billes.
Je suis à genoux devant toi,
au plus bref de ce siècle,
et j'attends seulement
que mes paupières fondent.

FRONTALEMENT

Nous ne laissons jamais un ciel de côté
quand nous déposons nos ailes un moment,
du côté le moins tranchant, ou pas.
Nous n'avons nullement un poing plus serré
dans nos lignes de paume, et nos doigts
ne font pas feu de soudain se confondre.
Simplement, nous patientons.
Savoir où nous irons ensuite
ne regarde personne, même pas nous.
On nommera errance nos futurs écarts,
tandis que nous irons vers ce hasard
qui, sans nous juger, nous regarde.
Notre nuit se change déjà en orée plus qu'en aube.
Notre seuil devance l'océan d'un seul pas,
et le léger soupçon d'une parole,
qui vient à passer au revers,
demeure, en cet instant
où je vous parle, où je vous tais,
si beau d'être sans miroir, ni oraison.

MOINS D'UN MOIS SUR UN NUAGE

Nos peaux n'ont plus à présent cette luisance
dont nous rêvions un soir de soleil impénitent,
ni un matin plus hasardeux que les autres.
Je tombe, tu me regardes. Les falaises s'habituent.
L'hiver est cette bille de glace dans ta main désormais
et le reste se tord, tel un habit mouillé.
Nous n'aurons pas connu les vagues ensemble,
seulement la digue ou cet horizon
qui rit parfois d'être un peu détaché du monde.
Nos poèmes n'auront pas accompli
de commune pollinisation.
J'ai connu en éphémérides ta salive, puis ton eau,
ton encre, ton sang.
Déjà, tu danses ailleurs, le danger pour chanson.
Et je regarde, presque en riant, mes paumes
dont les lignes ébauchent encore leur impasse
sans atteindre d'autre geste que dessiner,
dans l'air, ce nuage.

MANTRA PROVISOIRE

Nos lustrales envies où l'imaginaire court,
où l'infini murmure, hoquette encore, que nous importe.
Nous courons vers ce nous qui n'a pas de bords,
d'injonctions.
Le présent serait cette déité qui ne s'appesantit plus.
La gerçure du futur ne nous atteint pas.
Nous inventons la seconde pour qu'elle s'étende jusqu'à
l'absurde.
Ce maintien du désordre ancien qui reviendrait contre
les poisons.
Toi, moi, noces urgentes des jours comme ils flanchent,
des nuits comme elles laminent, aube sans revers ni tain.
Depuis nos pôles, si tu veux, commençons
par dessiner un monde, par arrondir un peu nos épaules,
puis par alléger nos jambes enfin
de l'habitude de la fuite.

PARMI LES ANACHORÈTES

Je quitte vos cercles étroits, vos forteresses.
Le poème ne sera jamais pour moi une gangue.
Tantôt il poudroie, tantôt il fore, ou se tait,
alors sans rien éplorer du néant, de l'invisible.
Il peut aussi bien proférer qu'à cent dix ans,
comme l'espérait Hokusai,
un seul trait, un signe voudront dire quelque chose.
Ou à l'envers, il choisira les entrelacs,
sans encan traquera ce qui se noue au-dedans.
Un unique brouillard ne scindera pas une aube claire,
un rai ne peut instruire la beauté
improvisée des ombres,
ni définir seul l'éloge de l'inconstance.
Opposer paysages, les réduire aux falaises,
pour se toiser de haut, en réseaux, en impatiences,
serait prétendre détenir
les clefs qui ouvrent et ferment les chemins.
Mais toi, mon amie, tu le sais et tu en souris :
le poème commence toujours par dire
que sa définition, si du moins elle existe,
n'appartiendra jamais à personne.

VOUS ET MOI

Vous et moi, nous tenons parfois
à ce peu de paroles
que l'on croit nous avoir ôtées,
où il n'y a plus de prisme, d'abandon,
ni davantage à savoir, à fuguer.
Nous lettrons nos silences avec soin
sur la page la plus blanche
et le bout de nos lèvres fera office de chant.
Nous tanguons vers l'instant
avant qu'un siècle ne tombe.
Vous et moi, nous entrons parfois
dans un désespoir presque paisible.
Nous y cherchons, tels des enfants,
juste ça : quelques œufs
un peu plus brillants dans l'herbe.

UN CONTACT

Le mort qui m'a contacté hier avait un accent.
On ne savait si c'était d'argile ou de poésie.
Il hantait simplement un café,
près d'un parc aux arbres fruitiers.
Il était nu comme un pépin.
Sa leçon était versatile,
telle que la vie doit l'être.
Nous avons d'abord parlé du temps,
comme il passe ou surtout comme il ne passe pas.
De l'amour qui rompt les os,
en absence de chair.
Ensuite, je voulus l'enquérir de l'état du monde,
de cette nécessité de parler de l'actualité.
Sa seule réponse fut de hausser,
tendrement, ses épaules invisibles.

VERS LES FAUBOURGS

Tu vas tomber d'où si tu t'éloignes de toi, petit gars ?
Tu fabriques des ombres comme personne.
Tu refuses si bien les ciels à vendre.
Vers les faubourgs, tes collines portent des noms de femme.
Tes rues pleuvent juste avant les nuages.
Ta nuit court à se cogner, ton jour à saigner.
Gel autour. Et alors ?
Tu vas tomber d'où si tu t'éloignes encore ?
Il n'y a plus de lettres mortes sous tes poings,
petit gars, ni entre les lignes de tes mains,
de tes détours, de tes parcours.
Arrête de croire que l'instant fait loi,
que sa lame tranche au mieux.
De toute voix, fais ta lueur,
maintenant.
Fais feu.

RELEVÉ DES MOTS QUI PENCHENT

Pour te le dire en face, ma nuit faisait pâle figure.
Et toute aube paraissait être de contrebande.
Ce matin, vers les vagues, les mots penchent.
Une mer ne se ferme jamais pour cause d'inventaire.
En si basses eaux, même se noyer devient promenade.
La plage n'attend plus notre sablier de trop,
ni l'écarquillement d'un coquillage.
Déjà, la dune nous attendait à peine.
Il ne fallait pas se croire si facilement paysage.
Cependant, tu le vois ici :
des coquillages ramassés au hasard,
la nacre ne subsiste que comme un simple fond de l'œil.
Nous n'avons plus un regard à perdre.

RÉPONSE À UNE QUESTION D'ENFANT

À ton âge, je ne savais pas comment un poème respire,
mais dans mes songes, j'avais au moins une forêt
dans la poche,
un étang espiègle, dont l'eau parfois coulait
avec le phrasé du sable sur les jambes.
J'avais un horizon qui, au début, ressemblait à un coin
de rue,
mais l'ailleurs y était posé en caillou, sur le seuil.
À ton âge, j'avais une collection de ciels trop bas,
de quoi cueillir dans les arbres un nid mal fait,
ce nuage mal luné qui se croit l'ombre d'un miracle.
Parler avec les arbres supposait seulement
d'avoir des doigts assez longs pour traduire
un peu d'écorce, sans prétendre dire la sève
qui échappera toujours au bois dont les livres sont faits.
Nous cherchions des bogues, pas pour les marrons,
ni les châtaignes à jeter aux épaules :
nous aimions ce piquant qui nous semblait
un des côtés des étoiles à dessiner,
firmament dont les fruits se méritent
et invitent à filer.
Puis, il y avait sur les canaux ces bateaux
que l'on nomme péniches, volupté de lenteur
si près des berges, des tas de pierres, ciments,
fines collines portatives.
Le paysage courait moins vite que le lièvre,
mais nous y trouvions, au fil de l'eau promue langage,
ce souffle léger et dérivant

qui nous dirait peut-être, pour demain,
comment un poème respire.

Quelques articles ou interventions

1. VA FALLOIR LEUR DIRE

« J'avais publié en février dans la Libre Belgique *un poème sur l'absurdité des théâtres fermés face aux trains bondés. Il y a cinq jours, c'était bien plus choquant de voir des policiers dans des théâtres. Après avoir lu l'article ci-dessous sur la page de Laurence Bertels, j'avais griffonné cet autre court texte comme un début d'adresse au public, un aparté sur une scène. Je le partage symboliquement aujourd'hui en espérant que ces mots-là deviennent inutiles dans les jours qui viennent et même dans un futur lointain n'aient plus besoin d'exister. Un théâtre ouvert, voilà une expression qui devrait être classée parmi les pléonasmes »*

« Va donc falloir leur dire qu'on a le culte du théâtre pour qu'on nous laisse entrer,
qu'on ne peut pas faire autrement, qu'on a foi dans un texte,
et que même dans Beckett, on y voit des versets sous l'arbrisseau, Godot à l'heure ou pas.
Va falloir leur dire, quand un rideau s'ouvre, qu'on ne devrait pas devoir prier de ne pas le fermer,
que notre hostie, ça peut être ce mot insoumis qu'on attrape au passage, depuis la scène,
et notre offrande le seul regard de l'autre.
Va falloir leur dire que la bonne parole contre les Ubus, c'est ici qu'elle souffle. Que l'on soit de chez de Saint-Thomas ou chez Thomas Bernhard, on ne va plus attendre de voir venir.
Va falloir leur dire, sur leur haut balcon, sur leur estrade qui se rit des tréteaux, que ça fait des siècles qu'on vit sans souffleur même derrière un masque.
Et qu'enfin le théâtre, c'est notre destination, pas un

minitrip, qu'on emprunte ses chemins pour aller jusqu'au centre, dire nos transports amoureux, solitaires, nos allers, nos errances, nos combats, nos escales, nos retours. On s'y pressera moins que dans le métro, c'est écrit, bien moins que dans le train où nous fuguons pour aller tuer nos dimanches à la mer. Allez, va falloir leur dire sans crier que maintenant, sans pavillon en berne, on va quand même l'ouvrir plus fort, oui juste ça, leur préciser, pour leur gouverne, que demain encore, soldatesque ou pas, on ouvrira… »

2. LETTRE DE REMERCIEMENT

En 2021, Verb(l)ind demanda à divers auteurs d'écrire une lettre de remerciement à une personne que l'on ne remercie pas d'habitude. Carl Norac, qui était alors dans son projet d'écriture en train pour Europalia, évoqua ici un souvenir personnel sur ce thème.

Cher conducteur de train,

C'est la première fois que j'écris à quelqu'un dont je n'ai vu qu'une main faisant signe, au loin, par une fenêtre. Début des années 2000. Je rentre tardivement en Belgique, je prends un omnibus qui, avant, au sens du latin, s'arrêtait partout. Pour un lieu-dit d'enfance au bas d'un long sentier.
Ce village est dans la forêt, mais enfant, j'allais à cette gare tous les matins, shootant dans les bogues de sapins et rêvant de grandes avenues. Le contrôleur me dit qu'il est désolé, qu'on ne s'arrête plus là le soir, qu'il faut aller à la grande gare, espérer faire demi-tour avec hypothétique escale en ce village, rien de plus improbable.
Le matin, sur un mur de Paris, j'avais lu ce tag : « Il est indispensable d'errer. » Alors, je souris, dépité pourtant. Mais juste après, le contrôleur me dit : « J'en ai parlé par hasard au conducteur et sa réponse m'a surpris. Il risque son emploi, attention, ce sera entre nous. Désolé de ce qui vous arrive, il propose de ralentir, pour presque s'arrêter, tellement qu'à mon signal, vous pourrez descendre, sans danger. »
En effet, le quai obscur s'illumine, un roulis devient aigu, frein de soir en plein brouillard. L'homme en costume

DANKBRIEF

Verb(l)ind vroeg aan een aantal auteurs of ze een dankbrief wilden schrijven voor iemand die meestal niet wordt bedankt. Carl Norac, die toen aan zijn schrijfproject voor Europalia Trains & Tracks werkte, haalt hier een persoonlijke herinnering op.

Beste treinbestuurder,

Voor het eerst richt ik me tot iemand van wie ik alleen een hand heb gezien, die in de verte vanuit een raampje naar me zwaaide. Begin jaren 2000. Ik keerde laat naar België terug en nam de omnibus die vroeger, in de Latijnse betekenis, overal halthield. In een gehucht uit mijn kindertijd, aan het begin van een lang paadje.
Het bewuste dorp ligt in het bos, en als kind liep ik elke ochtend naar dit station, terwijl ik de dennenappels wegtrapte en droomde van grote avenues. De begeleider zegt dat het hem spijt, maar dat ze daar 's avonds niet meer stoppen, dat ik tot aan het volgende grote station moet meerijden in de hoop daar rechtsomkeert te maken voor een hypothetische halte in mijn dorp, wat lang niet zeker is.
Diezelfde ochtend had ik op een Parijse muur volgende tag gelezen: 'Zwerven is onontbeerlijk'. Ondanks mijn teleurstelling moet ik glimlachen. Maar even later komt de treinbegeleider zeggen: 'Ik heb de bestuurder op de hoogte gebracht en zijn antwoord heeft me verrast. Opgelet, het moet tussen ons blijven, want hij zet zijn baan op het spel. Hij vindt het jammer wat u

bleu actionne une clé, une porte coulisse, coup de sifflet nerveux pour faire comme si, et puis il crie : Go ! Je descends, sans réel effort. Et puis, devant, la locomotive, votre signe depuis la cabine, doigts écartés comme pour dessiner un mot dans la vapeur, l'impromptu d'un nuage qui fait sens. Merci, monsieur. Ces années-là, où j'habitais en France, j'ai pensé si souvent à la beauté simple de votre désobéissance. Votre geste rappelle comme un défi aussi, celui qui dénonce ces lignes ferroviaires que l'on ferme honteusement, en oubliant les gens des campagnes et au mépris des travailleurs du soir. J'avais alors quitté mon pays, sans aigreur, pour devenir père et, voyez-vous, on devient toujours plus belge quand on s'éloigne un peu. Vingt ans plus tard, à Ostende, j'ai rencontré, pour une autre histoire, un magnifique douanier indocile qui vous ressemble, jusqu'aux lignes en dessous des phalanges.
Un signe de la main s'absente parfois des querelles de la langue. Monsieur le conducteur, nous faisons un métier au fond assez proche, vous savez. Moi aussi, en poésie, je file sur une ligne, je traverse également un paysage, du moins c'est bien l'objet de mon embarquement, mais mon itinéraire est moins sûr, nécessairement tortueux. Les landes qui m'entourent imposent souvent des brumes tenaces. Cependant, mes poèmes sont des quais parfois, y ramassent des pas perdus. Et, d'autres fois, ils se révèlent désespérément sans arrêts pour cet autre geste qu'est le regard.
La ressemblance s'arrête là. Que dire de votre fatigue ? Celle de l'attention pour chaque geste, cet éveil. Et sur quelle voie arriverait la lectrice, le lecteur et pour quelle destination prétendue ?

overkomt en stelt voor langzamer te rijden tot we bijna stilstaan, zodat u op mijn teken zonder enig gevaar kunt uitstappen.'

En inderdaad, op het donkere perron floept het licht aan, het gedender slaat over in een snerpend geluid, een avondlijk remmen in de dichte mist. De man in blauw pak draait een sleutel om, een deur glijdt open, zenuwachtig fluitsignaal om te doen alsof, en dan roept hij: Go!

Ik stap uit, fluitje van een cent. En dan zie ik vooraan, vanuit de locomotief, uw teken, uw gespreide vingers die een woord willen vormen in de nevel, een geïmproviseerde, zinvolle wolk.

Dank u, meneer. In de jaren dat ik in Frankrijk woonde heb ik vaak teruggedacht aan de eenvoudige schoonheid van uw ongehoorzame gebaar.

Ik zie het ook als een aanklacht tegen de schandelijke sluiting van de spoorlijnen, waarbij al wie op het platteland woont of 's avonds laat moet werken in de kou blijft staan. Ik had in die tijd mijn land verlaten, zonder bittere gevoelens, om vader te worden, en zie, je wordt altijd wat meer Belg als je een eind verderop gaat wonen. Twintig jaar later ben ik, in Oostende — dat is weer een ander verhaal — een prachtige, weerspannige douanier tegengekomen die sprekend op u lijkt, tot de rimpels onder zijn vingerkootjes toe.

Soms blijft zo'n handgebaar helaas afwezig uit taaldisputen. Meneer de treinbestuurder, eigenlijk oefenen we een vrij gelijkaardig beroep uit.

In mijn gedichten rijd ook ik op een lijn, ook ik doorkruis een landschap, dat is hoe dan ook het doel van

Tout retard ou avarie serait-elle alors une défaillance de la machine à rêves ? Ou un mot qui traîne au milieu d'un tunnel et obstrue notre vue ?
Là, revenons vers vous, je vous devine retourner à la maison dans le froid de la nuit, votre sac sur l'épaule, fourbu d'horizons. Et je vous écris ces simples paroles, d'une main franche.
J'espère que vous la verrez sortir de cette page, juste avant le silence, et ici répéter votre salut, sans autre prétention qu'être au monde, sans autre loi que l'instant tel qu'il se tend, paume ouverte comme la plus simple géographie d'un autre voyage.
Encore merci et bien à vous sur vos chemins.

mijn treinreis, maar mijn weg is minder zeker, en in elk geval bochtig.
Uit de heide die me omringt, stijgt vaak een hardnekkige nevel op.
Maar mijn gedichten vormen nu eens een perron, waar ze verdwaalde passen opvangen. Dan weer vertolken ze de radeloze afwezigheid van haltes voor de blik, dat andere gebaar.
Daar houdt elke gelijkenis op. Wat kan ik zeggen over uw uitputting? Die voortvloeit uit uw aandacht voor elk ontwakend gebaar?
En op welk spoor zou wie leest aankomen? Op welke vermeende bestemming?
Heeft elke vertraging of pech misschien te maken met een hapering van de droommachine? Of met een woord dat midden in een tunnel bleef hangen en elk uitzicht verspert?
Maar ik wil het weer over u hebben, ik vermoed hoe u in de nachtelijke kou naar huis terugkeert, uw tas, vermoeid van de verten, over uw schouder gegooid.
En vrijuit schrijf ik mijn eenvoudige bericht.
Ik hoop dat u deze bladzijde ziet verschijnen, net voor de stilte, en ik beantwoord uw groet hier, met alleen mijn wil op de wereld te zijn, zonder andere wet dan het ogenblik dat een open hand reikt — de eenvoudigste geografie van een andere reis.
Nogmaals dank en het ga u goed op uw wegen,

3. POUR LE MARCHÉ DE LA POÉSIE DE PARIS

Le Printemps des poètes à Paris choisit Carl Norac pour écrire le texte de soutien en octobre 2020 pour l'interdiction et annulation du Marché de la Poésie Place Saint-Sulpice du fait d'une injuste décision préfectorale.

À PORTÉE DE SOUFFLE

Nous allons au Marché chercher un peu de souffle.
Le seuil et l'ailleurs s'entrecroisent ici.
Au Marché de la Poésie, les regards s'accordent au doigt qui tourne une page ou fonde un chemin.
Et ce chemin-là, qu'il soit un aller, un détour, une équipée, un précis de vivre, un imprécis d'errer, qu'il se trace quelques jours en juin ou se pose sur l'automne, il respire et se prononce.
Le poème y vient chaque année révéler ce que la main en sa paume peut sortir de ses lignes, ce que la bouche peut celer, dénouer, partager, hormis seulement l'air du temps.
Un matin sur une table, un soir sous les paupières, un midi même encré de pluie,
nous avons besoin de ce refrain d'épaules, sur cette Place Saint-Sulpice ouverte aux songes,
aux retrouvailles, aux rapprochements, aux achoppements, aux fraternités, aux lectures,
aux textures, aux révoltes, aux atours, aux splendeurs.
Le beau mot de recueil, dont on dit à tort l'usage clairsemé, y flamboie.
Des livres de poésie naissent ici, en essaims y reviennent, s'y ravivent.

Des passantes, des passants de la parole, venus de loin, du quartier, parfois par hasard, s'y laissent traverser en simples paysages où les mots vont leurs pas, écrits ou non, sans prétendre être toujours plus hauts que les autres, mais libres.

Nous allons au Marché chercher un peu de souffle.

Nous en avions, peut-être plus que d'autres années, grand besoin.

Quand le monde vacille, nous répète-t-on ce jour même, les poètes demeurent.

On nous dit que leurs mots de femmes et d'hommes se tiendraient droits alors que la chute est là.

Il est vrai que la poésie va par les rues parfois sans qu'on la porte.

Mais qu'il est doux aussi de la savoir accompagnée. Elle aime à se transmettre, en espoir virulent.

Elle se plaît en l'espace ouvert, peut emplir une place, un désert, un univers.

Elle nous parle du peu parfois avec grandeur, de l'immensité sur un copeau de papier, se livre en calicot, en samizdat, en carton de café, en pétale ou bien elle ne durera, légère, que l'infini d'une seconde. Elle ne prise pas les murs sauf ceux qui, en pages, s'improvisent.

Les poètes aiment le silence, devant ou derrière leur miroir, surtout le vôtre. Ils célèbrent le silence blessé ou celui du désir, le silence tassé ou qui s'apprête à dire, celui que l'on bouscule avec courage ou qui coule tel un sable entre les doigts, celui enfin qui se rompt, offert à la façon d'un pain.

Ils accueillent tous les silences, hormis depuis toujours ceux qu'on leur impose.

Arthur Rimbaud, comme Robert Burns ou Clément Pansaers, est mort à l'âge de trente-sept ans.
Il nous demanda autrefois, dans une lettre, que la poésie soit *en avant.*
Depuis trente-sept ans, sans poussières, le seuil et l'ailleurs s'entrecroisent au Marché de la Poésie.
Et nous y reviendrons encore et encore, *en avant.*
Un poète de Flandre, Hugo Claus, me disait souvent que, quoi qu'il advienne, nous continuerons *à nous jeter dans la beauté.* Que ces mots pour demain, sans un bel aujourd'hui, nous subsistent et qu'ils s'approchent où ils doivent exister plus que jamais : à portée de souffle.

27 octobre 2020

4. UN PARTAGE DES PAYSAGES

'De taal is mijn thuisland'
Texte commandé par de lage landen/les plats pays sur le thème Samen et le regard que Carl Norac porte sur la littérature en Flandre.

J'ai coutume de dire à mes voisins et amis d'Ostende que j'ai aussi la Flandre dans la peau.
Pour moi, cette expression possède une signification plus intime que j'ai envie de partager ici.
Je tiens en effet de mon aïeul à la chevelure rousse, journalier flamand venu sur les champs en Hainaut, une peau pâle recouverte d'un nombre impressionnant de naevus, autrement dit grains de beauté, ce qui en médecine est plutôt un danger, mais que j'appelle, espiègle et joyeux, ma constellation. Adolescent, ma fascination pour le fantastique, surtout le réalisme magique (j'y consacrai mon mémoire d'études) m'emmenèrent vers divers auteurs de langue française, mais dont l'univers décrivait bien souvent leur appartenance natale à la Flandre : Hellens, Ghelderode, Rodenbach, Jean Ray.
En poésie, j'étais partagé entre l'amour du surréalisme de Chavée, Dumont, Nougé, de l'inclassable génie Michaux, et le symbolisme de Verhaeren qui, derrière sa voix rocailleuse, bouscula la littérature et (ne l'oublions pas) fit entrer le poème dans un nouveau siècle. J'arpentai tant de fois, près de chez moi, les chemins de sa maison d'été au Caillou-qui-bique où il reçut Zweig loin du monde. Chez un marchand d'autographes, de peu de prix mais pas pour moi, j'ai trouvé de sa main une lettre en réponse à

GEDEELDE LANDSCHAPPEN

DE TAAL IS MIJN THUISLAND
Geschreven in opdracht van De lage landen/Les plats pays over het thema 'Samen'. De kijk van Carl Norac op de literatuur in Vlaanderen.

Ik heb de gewoonte tegen mijn Oostende vrienden te zeggen dat ook Vlaanderen me op de huid zit. Letterlijk dan. De uitdrukking heeft voor me een intiemere betekenis dan ik hier eigenlijk wil delen. Van een roodharige voorouder, een dagloner die de Henegouwse akkers kwam bewerken, heb ik inderdaad de lichte huid geërfd. Ze is bezaaid met een indrukwekkend aantal *naevi*, zeg maar moedervlekken, die door artsen argwanend worden bekeken, maar die ik luchtig, opgewekt, mijn sterrenbeeld noem.
Als tiener bracht mijn fascinatie voor de fantastische literatuur en vooral voor het magisch realisme (ik wijdde er mijn eindverhandeling aan) me bij verschillende Franstalige schrijvers, wier universum vaak in Vlaanderen verankerd zat: Hellens, Ghelderode, Rodenbach, Jean Ray…
Op poëtisch vlak slingerde ik heen en weer tussen de liefde voor het surrealisme van Chavée, Dumont, Nougé, mijn bewondering voor het genie van Michaux die je in geen enkel vakje kunt onderbrengen, en mijn verknochtheid aan het symbolisme van Verhaeren die met zijn schorre stem de literatuur op haar grondvesten liet wankelen en (laten we vooral dat niet vergeten) het gedicht een nieuwe eeuw binnenloodste.

des journalistes qui lui demandaient ce que sera la poésie dans cent ans, sa réponse devrait nous guider encore : « L'homme est un fragment de l'architecture mondiale. Il découvre les choses, il en heurte le mystère, il en pénètre le mécanisme. Le poète n'a qu'à se laisser envahir, à cette heure, par ce qu'il voit, entend, imagine, devine pour que les œuvres jeunes, frémissantes, nouvelles sortent de son cœur et de son cerveau. On vivra d'accord avec le présent, le plus près possible de l'avenir ; on écrira avec audace et non plus avec prudence ; on n'aura pas la peur de sa propre ivresse et de la rouge et bouillonnante poésie qui la traduira. »

Dans les années 90, je décidai d'arpenter la Flandre ville par ville dans ma vieille bagnole bringuebalante. Je voulais aussi lire *l'autre* poésie. Elle était en français presque invisible. La revue *Septentrion*, avec ses traductions dans chaque numéro, me fut d'un grand secours. Lorsque je fus invité un peu plus tard à plusieurs lectures de Poëziecentrum à Gand avec Herman de Coninck ou Stefan Hertmans, j'avais au moins lu quelques-uns de leurs poèmes. Dès cette époque, j'ai voulu voir comment rompre un peu cette frontière invisible, à la fois si prégnante. Devenant aussi auteur pour la jeunesse, je partis à la découverte des illustrateurs de Flandre. Sans doute suis-je devenu au fil des rencontres, des amitiés, probablement le seul francophone à avoir créé quinze livres avec six illustrateurs flamands dont Ingrid Godon, Carll Cneut, Gerda Dendooven. Pour l'anecdote, mon premier livre avec Carll Cneut fut choisi pour représenter la Belgique à une exposition européenne de la

In de jaren 90 besloot ik stad na stad in Vlaanderen te verkennen met mijn oude rammelkast. Ik wilde ook de *andere* poëzie lezen. In het Frans was ze schier onzichtbaar. Het tijdschrift *Septentrion*, dat in elk nummer vertalingen publiceerde, betekende daarbij een grote hulp. Toen ik een poos later herhaaldelijk door het Gentse Poëziecentrum werd uitgenodigd om lezingen te geven met Herman de Coninck of Stefan Hertmans, had ik alvast een paar van hun gedichten gelezen.
Van toen af aan probeerde ik te achterhalen hoe ik die onzichtbare, maar tegelijkertijd dwingende grens enigszins kon doorbreken. Als jeugdauteur ging ik op zoek naar Vlaamse illustratoren. Dankzij de ontmoetingen en vriendschappen die daaruit voortvloeiden, ben ik op heden wellicht de enige Franstalige schrijver die een vijftiental boeken heeft gemaakt met Vlaamse tekenaars, onder wie Ingrid Godon, Carll Cneut en Gerda Dendooven. Terloops merk ik op dat mijn eerste boek met Carll Cneut werd uitgekozen om België te vertegenwoordigen op een Europese tentoonstelling van de Bibliothèque Nationale de France. Hoewel het verhaal zich ver van het vlakke land afspeelde, in Marokko, kwam het hun goed uit: een van de zeldzame boeken die op tweeërlei vlak als Belgisch kon worden bestempeld.
Ik herinner me vooral, en dat voor de rest van mijn levensdagen, dat ik op de Brusselse Foire du Livre kennismaakte met *Traces*, een in Zwitserland verschenen bloemlezing met gedichten van Hugo Claus. In de trein die me naar Bergen terugbracht, een ware schok. Een dichter stort zich er in de schoonheid zonder esthetiserend te zijn. Hij schrijft in een precieuze, welige taal die toch

Bibliothèque Nationale de France. Bien que nous faisant voyager loin du plat pays, au Maroc, il était bien pratique pour eux : un des très rares à être belge à double titre…

Surtout, je me souviendrai toute ma vie d'un jour de 1988 où, à la Foire du Livre de Bruxelles, je découvris *Traces*, anthologie publiée en Suisse de la poésie d'Hugo Claus. Dans le train retour vers Mons, un choc. Un poète s'y jette dans la beauté sans être esthétisant. Sa langue est recherchée, possède le faste, mais ne rature pas les pieds dans la terre, voire parfois dans la boue. Un si subtil équilibre s'établit entre ce qui se dit sans masque, crûment et la splendeur. Je possède un tableau de Claus où il s'est peint en boxeur. Au bord du ring y figure « le critique ronfleur » dont il parle dans le poème « Envoi », mais lui s'en moque : il tend ses gants qui explosent en couleurs franches de Cobra. J'y vois son art poétique.

Je pus rencontrer souvent par la suite, avec Claus, lors des tournées « Saint-Amour », Léonard Nolens qui me conseilla un jour, doctement, oui à la façon d'un docteur : « Abandonne René Char, fais une cure d'Apollinaire. » Un livre, *Beeldenraper* (Uitgeverij P, 2021), avec des textes de cinq recueils traduits par Hilde Keteleer, retrace ce voyage vers cette prescription, la transparence, ce basculement. La poésie de Nolens est fort différente de celle de Claus, comme d'ailleurs leur personnalité, mais un équilibre d'une parole au plus près des humeurs du corps, des méandres de ce que nous appelons l'âme, des désirs sans limites nous y enseigne l'élégance.
Dans *Journal de gestes/Gebarendagboek*, recueil bilingue

met haar voeten in de aarde geplant is, soms zelfs in het slijk. Er ontstaat een subtiel evenwicht tussen enerzijds datgene wat onverbloemd, zonder blad voor de mond wordt gezegd en anderzijds de schitterende pracht van de taal. Ik heb een schilderij van Claus waarop hij zichzelf als bokser heeft afgebeeld. Aan de rand van de ring zit de 'snurkende recensent' die hij vermeldt in het gedicht 'Envoi', maar zelf heeft hij er maling aan: hij steekt zijn handschoenen uit die in vrije CoBrA-kleuren openspatten: ik beschouw het als zijn poëtica.
Later, tijdens de Saint-Amour-tournees met Claus, ben ik Leonard Nolens ettelijke keren tegengekomen. Op een dag zei hij op belerende toon, ja, als een professor: 'Laat René Char voor wie hij is, je kunt beter een Apollinairekuur doen'. Van de reis naar die voorgeschreven overslag, naar meer transparantie breng ik verslag uit in *Beeldenraper* (Uitgeverij P, 2021), een boek vertaald door Hilde Keteleer, waarin teksten zijn opgenomen uit vijf van mijn boeken. De poëzie van Nolens verschilt enorm van die van Claus, net als hun persoonlijkheid trouwens, maar het evenwicht van het vers dat naadloos aansluiting vindt bij de stemmingen van het lichaam, bij de meanders van datgene wat we de ziel noemen, bij haar grenzeloze verlangens — alles is er een en al elegantie.
In *Journal de gestes/Gebarendagboek*, mijn tweetalige bundel die begin vorig jaar verscheen, breng ik in het langste gedicht een hommage aan Paul Snoek, een ander groot dichter die ik nog niet zo lang geleden heb leren kennen. De poëzie van de 'onzichtbare zwemmer' fascineert me vanwege de manier waarop hij met

paru l'an dernier, mon plus long poème rend hommage à un autre poète majeur, découvert récemment pour moi, Paul Snoek. La poésie de ce « nageur invisible » me fascine par la façon dont il jongle avec des sensations contradictoires, un désespoir transpercé de lumière, de sensualité. Aujourd'hui, en tant que Dichter des Vaderlands, j'essaie non seulement de faire un voyage dans une langue, mais d'en connaître mieux les créateurs, avant tout Charles Ducal, Els Moors qui m'ont ouvert tant de chemins, offert leur amitié. Je voudrais ajouter ici ma conviction que l'histoire littéraire flamande, mais aussi européenne, retiendra la nouvelle génération de poètes, en particulier de poétesses en Flandre aujourd'hui. Ainsi, ne fût-ce qu'en cette génération féminine, j'ai lu la poésie de Charlotte Van den Broeck, Maud Vanhauwaert, Delphine Lecomte, Lies Van Gasse, Astrid Haerens, Amina Belörf, et je vais d'émerveillement en surprise. Chacune de ses œuvres impose un chemin personnel, mais un visage y transparaît, le monde tel qu'il se respire, s'espère ou tel qu'il vacille. Cela sous une forme qui trouble enfin les codes, nous bouscule.

L'appartenance à mon pays a grandi au fil des décennies. Ces vingt ans où j'ai vécu dans le Loiret en France (1999 -2019), loin d'actualités désolantes sur les problèmes communautaires, m'ont fait penser qu'on est bien davantage belge quand on s'absente. Je vais sans doute vous étonner, mais je me sens bien plus l'enfant d'un paysage que d'une langue. Ou plutôt disons que la langue est ma lande. Ainsi, aujourd'hui, je me sens « chez moi » dans un poème traduit du néerlandais davantage que

tegenstrijdige gevoelens jongleert, vanwege de wanhoop waar licht en zinnelijkheid doorheen schemeren.
Als Dichter des Vaderlands/Poète national probeer ik tegenwoordig niet alleen in een taal te reizen, maar ook beter haar scheppers te leren kennen, en dan heb ik het in de eerste plaats over Charles Ducal en Els Moors, die zoveel wegen voor me hebben gebaand en me hun vriendschap hebben geschonken. Voorts ben ik ervan overtuigd dat de nieuwe generatie dichters en in het bijzonder de dichteressen een blijvende plek zal veroveren in de Vlaamse en Europese literatuurgeschiedenis.
Alleen al van die generatie vrouwelijke dichters heb ik poëzie gelezen van Charlotte Van den Broeck, Maud Vanhauwaert, Delphine Lecompte, Lies Van Gasse, Astrid Haerens, Amina Belörf, en ik viel van de ene verbazing in de andere bewondering. Elk van hun werken vertolkt een persoonlijke reis, waarin hun gezicht duidelijk wordt afgetekend, de wereld zoals ze wordt geademd, gehoopt — haar deining. En dat allemaal in een vorm die me in verwarring brengt en die uiteindelijk elke code doorbreekt.
Het gevoel dat ik deel uitmaak van mijn land is de voorbije decennia alleen maar toegenomen. De twintig jaar dat ik in Frankrijk in Le Loiret woonde (1999-2019), ver van de ontmoedigende berichten over communautaire problemen, hebben me gesterkt in de overtuiging dat je méér Belg bent als je weggaat. Wellicht zal mijn bekentenis de lezer verbazen, maar ik voel me veeleer kind van een landschap dan van een taal. Of laat ik het zo zeggen: de taal is mijn heimatland.
Zo voel ik me tegenwoordig meer thuis in een uit het

dans un poème écrit par un auteur parisien. Le sens du surréel y est différent, l'expression du quotidien aussi, une autodérision nous dit-on souvent, une façon d'y aller sans trop peser et le sarcasme, à l'opposé des délicatesses prétendues de l'ironie (ce dernier point était essentiel aux yeux de Claus : il avait un jour refusé que je parle d'ironie à propos de ses poèmes).

En poésie, chacun souvent choisit son maître, comme on le disait déjà des peintres, mais cette appartenance méprise de nos jours les frontières, les tiroirs. Un poète n'est jamais autant lui-même que quand il écrit. En ombre ou en clarté, il pose « sa nuit sur la table » comme disait Cocteau et surtout ses paysages intérieurs. C'est là, à l'envers des discours, que réside l'encre sous ses ongles.
Ainsi, un important dimanche où j'allai à Anvers rencontrer Claus pour la première fois, l'emmener en voiture à Mons, il me raconta en détails, pendant le trajet, que son « père » me dit-il, il le trouva à Paris : Antonin Artaud. Il me conta comment jeune, il partit juste pour le voir dans un café, sans lui parler et pourquoi cela avait changé sa vie. À l'aller comme au retour de ces voyages, le mien ce matin-là et pour lui autrefois, toute pensée d'une frontière quelconque, qu'elle soit de pays, de théorie, d'école poétique, devenait pour ce moment un point au fond de l'horizon, loin de notre souffle.

Nederlands vertaald gedicht dan in een gedicht van een Parijse auteur. De zin voor het surreële is er anders, net als manier waarop de dagelijkse leefwereld aan bod komt. Vaak heeft men het over de zelfspot, de vrij luchtige wijze om voor de dingen te gaan, over sarcasme — de tegenpool van een zogenaamd subtiele ironie (dit was voor Claus essentieel: hij weigerde radicaal dat ik het over zijn gedichten had in termen van ironie).
Ook in de poëzie kiezen we vaak onze meester — over de schilderkunst wordt dat allang gezegd — maar een dergelijk vaderschap kun je tegenwoordig niet langer achter grenzen of in vakjes stoppen. Een dichter is pas zichzelf wanneer hij schrijft. In de schemering of op klaarlichte dag, altijd legt hij, zoals Cocteau zei, 'zijn nacht op tafel', en vooral zijn innerlijke landschappen. Daar, aan de achterkant van het discours, zit de inkt onder zijn nagels.
Op een memorabele zondag, toen ik Claus voor het eerst in Antwerpen ontmoette en hem met de auto meenam naar Bergen, vertelde hij tijdens de rit, met een overvloed aan details, dat zijn 'vader' zich in Parijs bevond. Hij had het over Antonin Artaud. Hij beschreef hoe hij als jongeman was weggegaan, gewoon om de man in een kroeg te zien, zonder het woord tot hem te richten, en waarom dat zijn leven had veranderd. Zowel bij het vertrek als op de terugkeer van dergelijke reizen — mijn reis die ochtend, zijn reis eertijds — wordt elke gedachte aan een grens, welke ook — de grens van een land, een theorie of een poëtische school — een stipje in de diepste diepte van de horizon, ver van onze ademtocht.

Carl Norac (1960) werd in Bergen geboren. Hij publiceerde een dozijn poëziebundels en tal van gedichten en verhalen voor kinderen, die in 45 talen werden vertaald. Sommige teksten werden op muziek gezet en uitgevoerd in het Théâtre du Châtelet, de Opéra Comique, La Philharmonie de Paris en in de Brusselse Munt. In 2022/2022 was hij Belgisch Dichter des Vaderlands. Sinds 2019 woont hij in Oostende, bij de zee en de golven.

Carl Norac, geboren in Mons (1960). Von ihm sind ein Dutzend Gedichtbände und zahlreiche Gedichte und Geschichten für Kinder erschienen, die in 45 Sprachen übersetzt wurden. Seine Texte wurden auch vertont und im Châtelet, der Brüsseler Oper, der Opéra Comique und der Pariser Philharmonie aufgeführt. 2020/2021 war er belgischer Nationaldichter. Nach zwanzig Jahren an der Loire zog er 2019 an die See in Ostende.

BIBLIOGRAPHIE SÉLECTIVE

Né en Belgique (1960) d'un père écrivain (Pierre Coran), d'une mère comédienne, Carl Norac a publié une douzaine de livres de poésie (Éditions de la Différence, l'Escampette, Actes Sud…), aussi de nombreux poèmes ou récits pour enfants, traduits à ce jour dans le monde en 45 langues. Il écrivit aussi directement en anglais quelques livres pour les Éditions Macmillan à Londres. Grand Prix de la Société des gens de lettres à Paris en 2009. Ses textes poétiques sur la musique ont été créés au Châtelet, à La Monnaie, à l'Opéra-Comique, à la Philharmonie de Paris. Il fut l'écrivain officiel de Mons 2015, capitale culturelle de l'Europe. Depuis 2017, l'école française de Neuville-aux-Bois dans le Loiret porte son nom. Grand prix Albert Mockel de l'Académie royale de langue et de littérature françaises de Belgique en 2019 pour l'ensemble de son œuvre poétique. En 2020/2021, il fut le Poète National/Dichter des Vaderlands de son pays, la Belgique. Après 20 ans dans le Loiret en France, il vit depuis 2019 à Ostende dans l'amitié des vagues. On peut trouver des livres de Carl Norac traduits dans les langues suivantes : anglais, allemand, néerlandais, italien, espagnol, catalan, basque, gaëlique, portugais, grec, danois, suédois, finnois, croate, géorgien, roumain, slovène, estonien, bulgare, russe, albanais, chinois classique, chinois simplifié, japonais, coréen, thaïlandais, vietnamien, hindi, bengali, tamoul, penjâbi, urdu, tagalog, gujarati, arabe, farsi, turc, kurde, twi, yoruba, shona, somali, papiamentu, khmer.

POÉSIE

Le maintien du désordre, Caractères, 1990
La politesse des fauves, Éditions l'Arbre à paroles, 1993
Dimanche aux Hespérides, Éditions de la Différence, coll. Littérature, 1994
Le voyeur libre, Éditions des Éperonniers, 1995
La candeur, Éditions de la Différence, coll. Littérature, 1996
Le carnet de Montréal, Éditions le Noroît, 1998
Éloge de la patience, Éditions de la Différence, 1999
Métropolitaines (tentative de photographier avec le langage : métro de Paris, hiver 1999-2000, L'escampette, 2003
Sonates pour un homme seul, L'escampette, 2008
Petits poèmes pour passer le temps, ill. Kitty Crowther, Didier Jeunesse, 2009
Une valse pour Billie, L'escampette, 2013
Poèmes pour mieux rêver ensemble, ill. Géraldine Alibeu, Actes Sud, 2017
Poèmes de roches et de brumes (édition français/arabe), ill. Arno Célérier, Éditions Le port a jauni, 2018
Journal de gestes/Gebarendagboek (édition bilingue, traduction par Katelijne de Vuyst), maelstrÖm/ Poëziecentrum, 2020
Une verre d'eau glacée, Éditions Le Taillis-Pré, 2021
Piéton du monde, choix et postface par Jean-Luc Outers et Gérald Purnelle (Espace Nord, 2021)
Petits poèmes pour y aller, illustré par Anne Herbauts (Pastel-École des Loisirs), 2022

HISTOIRES

Nemo et le volcan (ill. Louis Joos), Pastel-École des Loisirs, Paris, 1995
La Grande Ourse (ill. Kitty Crowther), Pastel-École des Loisirs, Paris, 1999
Un secret pour grandir (ill. Carl Cneutt), Pastel-École des loisirs, 2003
Le géant de la grande tour, ill. de Ingrid Godon, Sarbacane, 2005
Monsieur Satie, l'homme qui avait un petit piano dans la tête, ill. Elodie Nouhen, Didier Jeunesse,2005

Tête en l'air, ill. Beppe Giacobbe, Le Rouergue
Le noir quart d'heure, ill. Emmanuelle Eeckout, Pastel 2015
Quatre saisons Vivaldi Piazzolla, ill. Laurent Corvaisier, Harmonia Mundi/Little Village, voix Irène Jacob 2016
Je t'emmène en voyage, Collectif de 40 illustrateurs, À pas de loups, 2019
La Harpe de la Reine, livre-cd avec William Christie, les Arts Florissants, Marina Hands, ill. Éric Puybaret, Little Village/Harmonia Mundi, 2019
Vent d'hiver, illustrations Gerda Dendooven, Éditions La joie de lire, 2020
Le Carnaval des animaux sud-américains, conte musical, illustrations May Angeli , récitant Elliot Jenicot, Ensemble Almaviva, musique Ezéquiel Spucches, Didier Jeunesse , 2021

ESSAI

La poésie pour adultes et enfants : le grand écart ? essai, Midis de la Poésie Éditions, 2020

EN NÉERLANDAIS

Handen in het vuur, vertaling door Ernst van Altena, Poëziecentrum, 1998
Stoeten van Dieren, vertaling door Bart Moeyaert, De Koninklijke Muntschouwburg, 1999
De Grote Beer, vertaling door Jan Kuijper, illustratie Kitty Crowther, Querido, 1999
Een geheim waar je groot van wordt, vertaling door Edward van de Wendel, illustratie Carll Cneut, De Eenhoorn, 2005
Het hart van Tom, vertaling door Bart Moeyaert , illustratie Carll Cneut, De Eenhoorn, 2006
O monster, eet me niet op !, vertaald door Edward van de Wendel, illustratie Carll Cneut, De Eenhoorn, 2009
In het land van vergeten, vertaald door Willy van Doorselaer, ill. Stéphane Poulin, Lannoo 2011

Ik en de beer, vertaald door Jacques Dohmen, illustratie Ingrid Godon, Querido, 2016
Wintervuur, vertaald doorr Michael De Cock ; illustratie Gerda Dendooven, Lannoo, 2017
Gebarendagboek/Journal de gestes, vertaald door Katelijne de Vuyst maelstrÖm/ Poëziecentrum, 2020
Beeldenraaper/Ramasseur d'images, vertaald door Hilde Keteleer, Uitgevrij P, 2021

Table des matières / Inhoud

Parus chez maelstrÖm reEvolution

Poésie

La poésie est un acte. La meilleure poésie c'est notre vie.
Désocultez votre poésie.

Carl Norac *L'envers des circonstances / De Keerzij van de toestand / Die andere Seite des Geschehens* · Marie Darah *Sous le noir du tarmac / Under black tears* · David Giannoni *Il faut savoir choisir son chant* · Morgane Eeman *L'île quimboiseuse* · Daniel De Bruycker *9 Neuvaines 7 à 9* · Amir Or *Ailes* · Els Moors *Knalpatronen / Pyrotechnies / Knallkörper* · René Daumal *Poème à Dieu et à l'Homme* · Anne Waldman *Harmonies Jaguar / Jaguar Harmonics* (livre/CD) · Tom Buron *Nadirs* · Collectif L-SLAM *On ne s'excuse de rien !* · Dominique Massaut *Débordements* (livre/CD) · Pascal Leclercq *Analyse de la menace* · Laurence Vielle *Domo de Poezia* (livre/CD) · Gioia Kayaga *Tram 25* (livre/CD) · Léo Beeckman *Poèmes quantiques* · Otto Ganz *Du fond d'un puits* · Daniel De Bruycker *9 Neuvaines 4 à 6* · Cee Jay *Le prophète du néant* · Rolf Doppenberg *Sel de nos veines* · Sohrab Sepehri *Histoire de lune d'eau et de vent* · Benjamin Pottel *J'infiniments nous* · David Giannoni *La foi la connaissance et le souvenir* · Michel Bulteau *Fantômes et vivants* · Antonio Bertoli *Astres et Désastres/Astri e Disastri* (livre/DVD) · Jack Hirschmann *L'Arcane du Viêt-Nam* · Amir Or *Dédale* · Laurence Vielle *OUF* (livre/CD) · Kenny Ozier-Lafontaine *Billes* · Daniel De Bruycker *9 Neuvaines 1 à 3* · Lawrence Ferlinghetti *Poésie Art de l'Insurrection* · Lawrence Ferlinghetti *A Coney Island of The Mind* · Lawrence Ferlinghetti *Blind Poet (Poète aveugle)* · Alejandro Jodorowsky *Solo de Amor* · Alejandro Jodorowsky *Les pierres du chemin* · Alejandro Jodorowsky *De ce dont on ne peut parler* · Serge Pey *Droit de Voirie* · Serge Pey *Appel aux Survenants* · Antonio Bertoli *Territoires du Cœur* · Gaston Compère *Lux Mea* (livre/CD) · Fernando Arrabal *La pierre de la Folie* · Anne Waldman *Fast speaking woman* · Dwayne Morgan *Le Making Of d'un Homme* · Martin Bakero *ViceVersa* · Marianne Costa *Pin-Up Chrysalide* · Werner Lambersy & Otto Ganz *Ecce Homo* · André Beem *La Traversée d'Ici* · Daniel De Bruycker *Jātaka de l'Arbre*

Romans, récits & nouvelles

Philippe Blasband *Quintessence* · Francesco Pittau *Longtemps et des poussières* · Luc Baba *L'Arbre du retour* · Bruno Geneste *Le Monde selon Jim* · Rose-Marie François *Au soleil la nuit* · Jean Claude Bologne *Le Nouvel An cannibale* · Chantal Deltenre *Où part l'amour* . Pascale Moulias *Sur le chemin* . Yumma Mudra *La Voie qui danse* . Evrahim Baran *Le Syndicaliste, le Soufi et moi* · Sophie Favennec-Buyse *Amour et Kabbale* . Jean Claude Bologne *L'âme du corbeau blanc* · Otto Ganz *Les Vigilantes* · Rose-Marie François *La Belle enceinte* · Patrick Lowie *Le rêve de l'échelle* · Luc Baba *Chroniques d'une échappée belle* · Carmelo Virone *Battre les cartes* · Gilles Farcet *La joie qui avance chancelante le long de la rue* · Chantal Deltenre *La Forêt-Mémoire* · Krzysztof Styczynski *Rien d'Officiel* suivi de *Ç* · Serge Delaive *Nocéan* · Gustave Flaubert *Madame Bovary*, adaptation théâtrale de Paul Emond · Nicolas Ancion *Invisibles et remuants* · Rose-Marie François *Course lente avant l'aurore* · Kenan Görgün *Delia on my mind* · Gérard Mans *Poche de noir* · Martin Ryelandt *Le Cavalier* · Ben Arès *Tromba, une transe* · Serge Noël *Aux premières heures d'un jour nouveau* · Isabelle Wéry *Marilyn désossée* · Paul Emond *Les vingt-quatre Victoires d'étape du peintre Belgritte* · Paul Emond *Tristan et Yseut* · Evrahim Baran *Pressé Immobile* · Evrahim Baran *La septième ville* · Evrahim Baran *De ce côté du Mur* · Gaston Compère *Au plus blanc de la nuit* · Vladimír Mináč *Le Producteur de bonheur* · Chantal Deltenre *La Maison de l'Âme* · Chantal Deltenre *La Cérémonie des poupées* · Chantal Deltenre *La Plus que mère*· Corentin Jacobs *Compte à rebours contre l'Occident* · Éric Dejaeger *Le Seigneur des Ânes* · Gaetan Saint-Remy & Mathieu Pierloot,*Charly Solo* · Renaud Coppens *La Ligue Hollywood* · Damien Spleeters *Tout ça c'est dans ta tête* · Damien Spleeters *Transere* · Patrick Roegiers *Le Journal d'Aurore* · Sophie Buyse *L'Organiste* · Sophie Buyse *Confidences de l'Olivier* · Sophie Buyse *Autopsy* · Olivier Dombret *Journal d'un jeune branleur* · Anne Guilbault *La Cour* · Otto Ganz & Anne Guilbault *On vit drôle* · Denys-Louis Colaux & Otto Ganz *L'Arbre d'Apollon* · Denys-Louis Colaux *Je Hais les poètes (vivants) !* · Collectif *Descentes dans le Maelström* · André Beem *Asymptote/Quatre positions du dormeur* · Guy Montens *H.V.T. Hysterical Visionary Tour*

Livres graphiques et hors collection

Dominique Maes *Chansons de la Grande Droguerie Poétique* . Chiara Mulas *Corona Mask* . Sylloge *Paroles données paroles perdues ?* . Collectif *zOOdiac* . Chantal Deltenre *Écrire en marchant* · Marianne Costa & Vince Larue *Filles seules,* BD · Kenny Ozier-Lafontaine & Vincent Lefèbvre *bulles* stripoétique · Marcheurs des Temps présents *Pays dans un pays,* récits · David Giannoni & Daniele Bacci *La Face cachée de la Ville,* L'intégrale BD . Collectif *L'Arcane de la Force* . Jean-Luc Lupieri *L'art d'action à l'ombre de Diogène,* Essai · Collectif MANIFESTEMENT *Chronique du Rattachement de la Belgique au Congo* · Collectif MANIFESTEMENT *Dégagisme du Manifeste* · Collectif MANIFESTEMENT *Manifeste du Dégagisme* · Aliette Griz, Anne Versailles & Julien Le Gallo *Neuf.0* · Luvan *Le Chevalier rouge,* illustré par Ambre · Thierry Van Roy *Sibérie noire* · Paul Emond *Les Aventures de Mordicus* mises en images par Maja Polackova · David Giannoni *Contes de Nod* mis en images par Sylvie Leroy · Soline de Laveleye *Les phrases de la mâcheuse* contes mis en images par Dominique Maes · Martine Cornil *Bords de Mondes* (avec textes de 29 auteurs) · Damien Spleeters *West We Go* · Philippe Remy-Wilkin *Le Livre de Mahomet,* illustré par Nikolas List · Philippe Remy-Wilkin *L'Épopée de Gilgamesh,* illustré par Nikolas List · O. Ganz & C. Amatheü *La Toute fine ombre des fleurs* · Nele Paxinou *Ne laissez pas mourir vos rêves* · Nikolas List *La Vallée des Rois* · Collectif *Devoir de Mémoire*

Rootlegs (livres de poche)

Ada Mondès *Le Droit à la Parole / El Derecho a la palabra* · Davide Colasante *Christ et le Tigre / Cristo e la Tigre* . Gioia Kayaga *Ensauvagement – le petit livre de la colère* . Tom Nisse *Une longue dissonance* . Aurélien Dony *Amour noir* . Stéphanie Lemonnier *Dans mon ventre il y a une forêt* . Volauvent *Un chant couleur rouge cendre* . Tarek Essaker *La fille de la rivière* . Mustafa Kör *De Pain et d'Amour / Brood en liefde* . Jérémie Tholomé *Le Grand Nord* . Forough Farrokhzad *Je suis la flamme*

Ainsi que de nombreux *Booklegs* (livrets à 3€ – poésie théâtre contes)

Imprimé dans la dignité sur les presses de la
Maison de la Poésie d'Amay (Belgique) pour les pages intérieures
et chez Vervinckt (Liège) pour les couvertures